جغرافية الطاقة

أ. نصري ذياب

الجنادرية
للنشر والتوزيع
ALJANADRIA

الطبعة الأولى، ٢٠١١

المملكة الأردنية الهاشمية

رقم الإيداع في المكتبة الوطنية

الرقم التسلسلي:٢٠١٠/٩/٣٥٠٦
إسم الكتاب: جغرافية الطاقة
إسم المؤلف: نصري ذياب خاطر
الواصفات: الطاقة/ / الجغرافيا الطبيعية

الجنادريـــة للنشر والتوزيع

الأردن- عمان – شارع الجمعية العلمية الملكية
مقابل البوابـة الشمالية للــجامعة الأردنية
هاتـــــــف: ٥٣٩٩٩٧٩ ٦ ٠٠٩٦٢
تلفاكـــــــس: ٥٣٩٩٩٧٩ ٦ ٠٠٩٦٢
ص.ب٥٢٠٦٥١ عمــان ١١١٥٢ الأردن
Website: www.aljanadria.com
E-mail: dar_janadria@yahoo.com

info@aljanadria.com

المقدمة

بسم الله الرحمن الرحيم والصلاة والسلام على أشرف المرسلين محمد الرسول الأمين وعلى آله وصحبه أجمعين.

أن مفهوم الطاقة في عصرنا أصبح متداول بين البشر بشكل لم يشهد له التاريخ من مثيل فكيف لا وحياتنا تعتمد اعتماداً كلياً على الطاقة في كل الميادين ان كان في المنزل او العمل، فان اعتماد البشر على الطاقة لم يكن وليد الساعة؛ بل وجد قبل آلاف السنين فعلى سبيل المثال كان الإنسان في الزمان يعتمد على النار للتدفئة وطهو الطعام وإخافة الحيوانات التي تهدد حياته، فاعتماده على النار يعني بشكل مباشر (حاجته للنار) أي أصبحت النار مصدراً يزوده بالطاقة ولا غنى عنها في مزاولة حياته اليومية ، كما كانت الشمس أيضاً مصدر الطاقة الأول لذاك الإنسان فتعطيه الدفئ والإنارة حتى وان كان في ذاك الوقت لا يفهم ماهية عملها ولا حتى اسمها، فارتباط الإنسان بالطاقة ارتباط وثيق حتى وان اقتصر فهمه على طرق استخدامها والإستفادة من منافعها بكل الطرق.

ولأننا نعيش في زمن طغت الطاقة ومصادرها على شتى الدراسات والأبحاث العلمية الأخرى أقتضت الحاجة لدراسة مفهوم جغرافية الطاقة وأساليب الحصول عليها، فكما نعرف فأن المجتمعات النفطية والتي تعرف (بمجمعات النفط) هي من أغنى المجتمعات في العالم وشاءت إرادة المولى عز وجل ان تقع أراضي الدول العربية على أكبر حقول ومجمعات النفط في الكرة الأرضية بأسرها، وبما أن الحاجة أم الاختراع فان دراسة وتقييم وتقدير القوة النفطية في بلادنا العربية أصبح واجباً على كل متخصص في هذا المجال حتى نعرف طبيعة الكنوز التي وهبنا الله تعالى اياها ونعرف قيمتها ونقدر حاجة الآخرين لها لمواكبة التسارع التكنولوجي والصناعي في مختلف بقاع الأرض.

فإن الطاقة بجميع مصادرها المتجددة وغير المتجددة هي عبارة عن ثروة حقيقية للجنس البشري وهبها الله تعالى للإنسان ليكمل رسالته في الأرض وان

ينتفع بها ليستخلف الله عز وجل في الدنيا.. من هنا طرحت فكرة جغرافية الطاقة وهي ان نعرف حق المعرفة المصادر والثروات التي وهبت للجنس البشري لكي تساعده وتعينه على للبقاء والنجاة والإستخدام الأمثل للثروات والمعادن بما يتناسب مع حاجاته وحاجات أولاده وأحفاده من بعده.

فالطاقة هي بمثابة وقود الأنسان في الكرة الأرضية والمحرك الرئيس لتدوير عجلة الحياة بدونها يضحى الأنسان أعزلاً غير قادراً على مزاولة أعماله ونشاطاته.

فقد تطرق هذا الكتاب الى موضوع الطاقة وتاريخيها بشكل تمهيدي ومختصر ثم شرح بشكل وافٍ طرق الحصول عليها من مصادرها المتجددة وغير المتجددة ثم ناقش موضوع الطاقة البديلة مع ذكر أهم الطاقات التي تجرى عليها في الوقت الحاضر الدراسات والأبحاث لتكون في يوم ما المصدر الرئيس للطاقة بعد نضوب الطاقة غير المتجددة من نفط وغاز طبيعي، ثم جاء الكتاب ليضع النقاط على الحروف في موضوع الطاقة في الدول العربية (والصناعة أنموذجاً) ومعدلات الأستهلاك الحالية من مختلف أنواع الطاقة.

وأخيراً تطرق الكتاب الى موضوع الطاقة والبيئة والتنمية المستدامة لما له من أهمية بالغة في وقتنا الراهن وخاصة موضوع البيئة الذي يثير جدلاً واسعاً حول استخدام البشر المفرط للطاقة في القرن المنصرم والقرن الحالي.

وأخيراً أسأل المولى عز وجل ان يجعل هذا المؤلف عملاً خالصاً لوجه الكريم لينتفع به من تخصص بهذا المجال أو حتى تولد عنده حب الإطلاع والمعرفة في موضوع الطاقة في عصرنا... وعلى رسول الله السلام.

المؤلف

نصري ذياب خاطر

التمهيد.......

الطاقة في المجتمع الإنساني الحديث

تعريف الطاقة

الطاقة هي المقدرة على القيام بشغل ضمن الاستخدام الاجتماعي ، تطلق كلمة "طاقة" على كل ما يندرج ضمن مصادر الطاقة، إنتاج الطاقة، واستهلاكها وأيضا حفظ موارد الطاقة، بما ان جميع الفعاليات الاقتصادية تتطلب مصدرا من مصادر الطاقة، فإن توافرها وأسعارها هي ضمن الاهتمامات الأساسية والمفتاحية. في السنوات الأخيرة برز استهلاك الطاقة كأحد أهم العوامل المسببة للاحترار العالمي global warming مما جعلها تتحول إلى قضية أساسية في جميع دول العالم.

ضمن سياق العلوم الطبيعية، الطاقة يمكن ان تاخذ أشكالا متنوعة : طاقة حرارية، كيميائية، كهربائية، إشعاعية، نووية، و طاقة كهرومغناطيسية، وطاقة حركة .هذه الأنواع من الطاقة يمكن تصنيفها بكونها طاقة حركية أو طاقة كامنة، مع أن بعض أنواع الطاقة تقاوم مثل هذا التصنيف مثلا : الضوء، في حين أن أنواع أخرى من الطاقة كالحرارة يمكن أن تكون مزيجا من الطاقتين الكامنة والحركية.

مصطلحات الطاقة وتحولاتها مفيدة جدا في شرح العمليات الطبيعية. فحتى الظواهر الطقسية مثل الريح، والمطر والبرق والأعاصير تعتبر نتيجة لتحولات الطاقة التي تأتي من الشمس على الأرض .الحياة نفسها تعتبر أحد نتائج تحولات الطاقة فعن طريق التمثيل الضوئي يتم تحويل طاقة الشمس إلى طاقة كيميائية في النباتات، يتم لاحقا الاستفادة من هذه الطاقة الكيميائية المختزنة في عمليات الاستقلاب ضمن الكائنات الحية غيرية التغذية.

الطاقة هي أحد المقومات الرئيسية للمجتمعات المتحضرة .وتحتاج إليها كافة قطاعات المجتمع بالإضافة إلى الحاجة الماسة إليها في تسيير 'الحياة اليومية ، إذ يتم استخدامها في تشغيل المصانع وتحريك وسائل النقل المختلفة وتشغيل الأدوات المنزلية وغير ذلك من الأغراض . وكل حركة يقوم بها الإنسان تحتاج إلى استهلاك نوع من أنواع الطاقة ويستمدّ الإنسان طاقته لإنجاز أعماله اليدوية

والذهنية من الغذاء المتنوع الذي يتناوله كل يوم ، إذ يتمّ حرق الغذاء في خلايا الجسم ويتحول إلى طاقة . ويمكن تعريف الطاقة بأنها قابلية إنجاز تأثير ملموس (شغل) .

تاريخ إستخدام الطاقة

تعتبر الطاقة الحيوانية أول طاقة شغل استخدمها الإنسان في فجر الحضارة عندما استخدم الحيوانات الأليفة في أعماله ثم شرع واستغل قوة الرياح في تسيير قواربه لآفاق بعيدة. واستغل هذه الطاقة مع نمو حضارته، واستخدمها كطاقة ميكانيكية في إدارة طواحين الهواء وفي إدارة عجلات ماكينات الطحن ومناشير الخشب ومضخات رفع الماء من الآبار وغيرها. وهذا ما عرف بالطاقة الميكانيكية.

قوة الحيوانات نجدها مستمدة من الطاقة الكيميائية الموجودة في الطعام بعد هضمه في الإنسان والحيوان. والطاقة الكيميائية نجدها في الخشب الذي كان يستعمل منذ القدم في الطبخ والدفء. وفي بداية الثورة الصناعية استخدمت القوة المائية كطاقة تشغيلية) شغل (بواسطة نظم سيور وبكر وتروس لإدارة العديد من الماكينات).

نجد الطاقة الحرارية في المحركات البخارية التي تحول الطاقة الكيميائية للوقود إلى طاقة ميكانيكية. فالآلة البخارية يطلق عليها آلة احتراق خارجي، لأن الوقود يحرق خارج المحرك لتوليد البخار الذي يدير المحرك. لكن في القرن ١٩ إخترعت محرك الإحتراق الداخلي، مستخدما وقودا يحترق داخل الآلة حسب نظام غرف الإحتراق الداخلي المباشر بها، لتصبح مصدرا للطاقة الميكانيكية التي أستغلت في عدة أغراض كتسيير السفن والعربات والقطارات.

في القرن ١٩ ظهر مصدر آخر للطاقة، لايحتاج لإحتراق الوقود، وهو الطاقة الكهربائية المتولدة من الدينامو مولد كهربائي، أصبحت هذه المولدات تحول الطاقة الميكانيكية لطاقة كهربائية التي أمكن نقلها إلى أماكن بعيدة عبر الأسلاك، مما جعلها تنتشر، حتى أصبحت طاقة العصر الحديث ولاسيما وأنها متعددة

الأغراض، بعدما أمكن تحويلها لضوء وحرارة وطاقة ميكانيكية، بتشغيلها محركات الآلات والأجهزة الكهربائية. تعتبر طاقة نظيفة إلى حد ما.

ثم ظهرت الطاقة النووية التي استخدمت في المفاعلات النووية، حيث يجري الإنشطار النووي الذي يولد حرارة هائلة تولد البخار الذي يدير المولدات الكهربائية أو محركات السفن والغواصات. لكن مشكلة هذه المفاعلات النووية تكمن في نفاياتها المشعة، واحتمال حدوث تسرب إشعاعي أو انفجار المفاعل، كما حدث في مفاعل تشيرنوبل الشهير.

وحدات الطاقة

كما توجد أنواع متعددة للطاقة، مثل الطاقة الحرارية والطاقة الكهربائية والطاقة الميكانيكية فلا عجب أنه توجد وحدات عديدة أيضا لقياس الطاقة بحيث تناسب الوحدة نوع الطاقة تحت النظر. ومع ذلك فيمكن تحويل تلك الوحدات فيما بينها مثلما يمكن تحويل الطاقة الحرارية مثلا إلى طاقة ميكانيكية. ونجلب هنا أهم وحدات الطاقة، ونذكر بوجود قائمة وحدة طاقة:

١جول = ١ كيلوجرام. متر ^{٢}. ثانية $^{-٢}$

١إرج = ١ جرام. سم ^{٢}. ثانية $^{-٢}$

١جول = ١٠ ^{٧} إرج

١كيلوواط ساعة = ٣،٦ . ١٠ ^{٦} جول

١حصان = ٢،٦٨ . ١٠ ^{٦} جول

كما توجد وحدة صغيرة تناسب التعامل مع الجسيمات الأولية والذرة وتستخدم في الفيزياء النووية، ذلك لأن الجول وكيلوواط ساعة وحدات كبيرة لهذا المجال. والوحدة التي يستخدمها الفيزيائيون للجسيمات الأولية هي الإلكترون فولت ومقدارها:

١إلكترون فولت = ١,٦٠٢٣×١٠ $^{-١٩}$ جول

كتلة البروتون = ٩٣١ مليون إلكترون فولت

وهذه الأخيرة يمكن حسابها أيضا بالجول أو بالكيلوجرام. متر ^{٢}. ثانية $^{-}$

تحول الطاقة

جميع أنـواع الطاقـة يمكـن تحويلهـا Transformation مـن شـكل لآخـر بمساعدة أدوات بسيطة أو تقنيات معقدة : من الطاقة الكيميائية إلى الكهربائية عن طريق الأداة الشائعة البطاريات أو المركمات، ضـمن سـياق نظريـة النسـبية بدمج مجالي المادة والطاقة معا بحيث أصبح مـن الممكـن ان تتحـول الطاقـة إلى مادة وبالعكس تحول المادة إلى طاقة : هذا الكشف الجديد عـبر عنـه أينشـتاين بمعادلته الشهيرة $E=mc^2$. هذا التحـول تـرجم عمليـا عـن طريـق الحصـول عـلى الطاقة بعمليات الانشطار النووي أو الاندماج النووي، يمكن تحويـل الطاقـة مـن صورة إلى أخرى.. (فعلى سبيل المثال، يمكن تحويل الطاقة الكيميائيـة المختزنـة في بطارية الجيب إلى ضوء)، كميـة الطاقـة الموجـودة في العـالم ثابتـة عـلى الـدوام، فالطاقة لا تفنى ولا تستحدث من العدم (قانون انحفـاظ الطاقـة)، وإنمـا تتحـول من شكل إلى آخر. وعندما يبدو أن الطاقة قد اسـتنفذت، فإنهـا في حقيقـة الأمـر تكون قد تحولت إلى صورة أخرى، لهذا نجد أن الطاقة هـي قـدرة المـادة للقيـام بالشغل (الحركة) كنتيجة لحركتها أو موضعها بالنسبة للقوى التـي تعمـل عليهـا. فالطاقة التي يصاحبها حركة يطلق عليهـا طاقـة حركـة، والطاقـة التـي لهـا صـلة بالموضع يطلق عليها طاقـة الوضـع (جهديـة أو مخزنـة). فالبنـدول المتـأرجح بـه طاقة جهدية في نقاطه النهائية، وفي كل أوضاعه النهائية له طاقـة حركيـة وطاقـة جهدية في أوضاعه المختلفة.

الطاقة توجد في عدة أشكال كالطاقة الميكانيكيـة، الحراريـة، الديناميكيـة الحرارية، الكيميائية، الكهربائية، الإشعاعية، والذرية. وكل أشكال هـذه الطاقـات قابلة للتحويل الداخلي بواسطة طرق مناسـبة. والطعـام الـذي نتاولـه، بـه طاقـة كيميائية يخزنها الجسم ويطلقها عندما نعمل أو نبذل مجهوداً.

الفصل الأول......

مصادر الحصول على الطاقة

الطاقة المتجددة

هي الطاقة المستمدة من الموارد الطبيعية التي تتجدد أو التي لا يمكن ان تنفذ (الطاقة المستدامة). ومصادر الطاقة المتجددة، ولا تنشأ عن الطاقة المتجددة في العادة مخلفات كثاني أكسيد الكربون أو غازات ضارة أو تعمل على زيادة الإنحباس الحراري كما يحدث عند احتراق الوقود الأحفوري أو المخلفات الذرية الضارة الناتجة من مفاعلات القوي النووية.

الطاقات المتجددة هي وسيلة لنشر المزيد من العدالة في العالم بين دول العالم الغني ودول العالم الفقير، وهي ليست حصراً على الذين يعيشون اليوم، فالحد الأقصى من استعمال الشمس والرياح اليوم لن يقلل من فرص الأجيال القادمة. بل على العكس، فعندما نعتمد على الطاقة المتجددة سنجعل مستقبل أولادنا وأحفادنا أكثر أماناً، فالطاقة المتجددة بأنواعها من طاقة شمسية وطاقة رياح وطاقة هيدروليكية وطاقة عضوية وغيرها من الطاقات "الطبيعية" تعتبر بالفعل الأمل في توفير الطاقة في المستقبل، من ناحية لأنها طاقات لا تنضب، ومن ناحية أخرى لأنها غير ملوثة للبيئة. بالإضافة إلى ذلك، تطبيق التقنيات الحديثة لتوليد هذه الأنواع من الطاقة سيوفر فرص عمل متعددة للشباب.

يزداد مؤخراً ما يعرف باسم تجارة الطاقة المتجددة التي هي نوع الأعمال التي تتدخل في تحويل الطاقات المتجددة إلى مصادر للدخل والترويج لها، التي على الرغم من وجود الكثير من العوائق غير اللاتقنية التي تمنع انتشار الطاقات المتجددة بشكل واسع مثل كلفة الاستثمارات العالية البدائية وغيرها إلا أن ما يقارب ٦٥ دولة تخطط للاستثمار في الطاقات المتجددة، وعملت على وضع السياسات اللازمة لتطوير وتشجيع الاستثمار في الطاقات المتجددة.

❖ طاقة المد والجزر

طاقة المد والجزر أو الطاقة القمرية هي نوع من طاقة الحركة التي تكون مخزونة في التيارات الناتجة عن المد والجزر الناتجة بطبيعة الحال عن جاذبية القمر والشمس ودوران الأرض حول محورها وعليه تُصنف هذه الطاقة على انها طاقة متجددة.

الكثير من الدول الساحلية بدأت الاستفادة من هذه الطاقة الحركية لتوليد الطاقة الكهربائية وبالتالي تخفيف الضغط عن محطات الطاقة الحرارية، والنتيجة تخفيف التلوث الصادر عن المحطات الحرارية التي تعمل بالفحم أو بالبترول.

توجد طريقتان أساسيتان لتوليد الطاقة الكهربائية باستغلال ظاهرة المد والجزر:

١. <u>طريقة بناء السدود:</u>

كما هو منفّذ في محطة Rance بفرنسا والتي بُنيت عام ١٩٦٦ وتعمل بقوة ٢٤٠ ميجاوات، بُني هذا السد للتحكم في التيارات الناتجة عن المد والجزر وتوجيه هذه التيارات بطريقة تمر في فتحات التوربينات أو المراوح.

هذه التوربينات شبيهة بالمرواح التي تُستخدم لتوليد الطاقة من الريح ولكن في حالتنا ثُبتت ٢٤ مروحة على سد بطول إجمالي قدره ٧٥٠ متر ويحجز ١٨٤مليون متر مكعب من الماء. كل مروحة متصلة بتوربين يولد قوة ١٠ ميجاوات من الكهرباء. وقد بُني هذا السد عند مصب نهر الرانس. تُنصب هذه المراوح تحت سطح المياه في فتحات وبفعل التيارات المائية تدور هذه التوربينات وعبر ناقل الحركة نقوم بمضاعفة عزم الدوران ومن ثم نستفيد من هذا العزم لتحريك المولد الذي وبفعل الحقل المغناطيسي يقوم بتوليد الطاقة الكهربائية.

هذه التوربينات قد تستخدم أيضاً الطاقة الفائضة من المحطات الأخرى ساعة الطلب الخفيف على الكهرباء، لأعادة ملئ الأحواض بالماء، وإعادة استخدام الماء لتوليد الكهرباء في أوقات الذروة، ولكن استخدام هذه التكنولوجيا تعتمد على وجود الأماكن المناسبة عند مصبات الأنهار مثلا أو في مضايق البحار، وهناك تقام السدود لاستخدامها.

وللاستفادة من تيارات المد والجزر التي هي بطبيعة الحال معكوسة الاتجاه، لابد من تركيب المروحة على رأس متحرك ليتناسب مع اتجاه التيارات وبالتالي رفع نسبة الاستغلال، ويميز هذه التكنولوجيا إذا ما قورنت بتكنولوجيا توليد الطاقة من الريح ان كثافة المياه أعلى من كثافة الهواء ،و بالتالي يكون توليد الطاقة من الجزر للمروحة الواحدة أعلى عنه بالمقارنة بتوليدالكهرباء بواسطة الرياح، ويتم ذلك عند سرعة دوران منخفضة من خلال استخدام ناقل الحركة.

بالإضافة إلى المحطة الفرنسية التي تعمل بالمد والجزر، تبعتها محطة بكندا عام ١٩٨٤ عند منطقة نوفاسكوتيا بقوة كهربائية قدرها ٢٠ ميجاوات. كما بنت الصين عام ١٩٨٦ في ولاية كسينجيانج محطة بقوة ١٠ ميجاوات. وأكبر محطة تضم١٠ مولدات كهربائية ، يولد كل منها طاقة كهربائية قدرها ٢٦ ميجاوات ،أي بقوة كلية ٢٦٠ ميجاوات تُبنى حالياً في سيهوا بكوريا الجنوبية.

وفي إنجلترا توجد تحت التخطيط محطة عملاقة عند مصب نهر سيفرن بين كاردف ومدينة بريستول ب ٢١٦ توربين سوف تولد ٨٥٠٠ ميجاوات، وسوف تغطي % ٥ من احتياجات إنجلترا من القوة الكهربائية. إلا أن ذلك المشروع يواجه معارضة من قبل جماعات المحافظة على البيئة.

٢. طريقة الأبراج:

تعتمد تلك الطريقة على تثبيت مروحة أو مروحتان على برج متين بحيث تكون تلك المراوح تحت سطح الماء. وبنفس الطريقة المشروحة أعلاه تتحول طاقة حركة المروحة بواسطة المولد الكهربائي إلى كهرباء.

أيضا في سترانجفورد بشمال إيرلندا بُني البرج الجديد ويسمىSeaGen ، وقد بدأ البرج إنتاج الكهرباء من التيارات البحرية والتي تصل سرعات المياه فيها نحو ٥٠و٢ متر في الثانية، وقد تصل أحياناً إلى ١٠ متر في الثانية .هذا البرج بمروحتيه ينتج كهرباء بقوة ٢و١ ميجاوات، أي أن كل مروحة له تنتج نحو ضعف ما أنتجته المروحة السابقة، موديل ٢٠٠٢.

تستغل تلك الطريقة التيارات المائية، ولا تشكل الأبراج عائقا بحرياً كما في حالة بناء السدود. لهذا فهي أنسب من ناحية المحافظة على البيئة.

شروط الاستخدام والمنفعة الاقتصادية

لابد من إن يكون ارتفاع المد والجزر لا يقل عن ٥ متر ولذلك يوجد في العالم ١٠٠ موقع يتوفر فيها هذا الشرط. كما استخدام هذه التقانة في المياه المالحة يعرض القطع المعدنية المستخدمة إلى الصدأ وبالتالي لا بد من العناية والصيانة الدائمة وهذا ما قد يرفع من الأكلاف وبالتالي تدني الربح.

محطات التوليد

أول معمل وأكبرها بني عام ١٩٦١ في Saint-Malo فرنسا وبدأ العمل به في عام ١٩٦٦ ويبلغ ارتفاع المد والجزر في هذ المنطقة بين ١٢ و١٦ متر. فقام الفرنسيين ببناء سد بطول ٧٥٠ متر ونتجة عنه بحيرة بمساحة ٢٢ كم مربع وبسعة ١٨٤ مليون متر مربع وفي هذا السد ٢٤ فتحة في كل منها هناك عنفة بقدرة ١٠

تساوي ٦٠٠ مليون ميغاواط. وبالتالي بقدرة ٢٤٠ ميجاوات ككل، وقدرة توليد يستخدم مبدأ تخزين كيلو وات ساعة سنوياً، كما تجدر الاشاره بأن هذا السد في غير ساعات الذروة الماء عبر الطاقة الكهربائية الفائضة من المعامل الأخرى هناك أيضاً كندا الذروة. في لإعادة استخدام هذ الطاقة المخزنة في الماء في أوقات معمل أخر بنية عام ١٩٨٤ بقدرة إنتاج ٢٠ ميجاوات وهذا المعمل يستخدم للابحاث فهو لا يستفيد إلا من حركة المد.

الدول التي تستفيد من هذه الطاقة

الدولة	المنطقة	الارتفاع الوسطي للمد والجزر(m)	مساحة المد والجزر (km²)	الطاقة القصوى(MW)
أرجنتين	San Jose	٥,٩	-	٦٨٠٠
أستراليا	Secure Bay	١٠,٩	-	؟
كندا	Cobequid	١٢,٤	٢٤٠	٥٣٣٨
	Cumberland	١٠,٩	٩٠	١٤٠٠
	Shepody	١٠,٠	١١٥	١٨٠٠
	Passamaquoddy	٥,٥	-	؟
الهند	Kutch	٥,٣	١٧٠	٩٠٠
	Cambay	٦,٨	١٩٧٠	٧٠٠٠
		٤,٧		
كوريا الجنوبية	Garolim		١٠٠	٤٨٠
	Cheonsu		-	-

		٤,٥		
مكسيك	Rio Colorado	٦-٧	-	؟
	Tiburon	-	-	؟
بريطانيا	Severn	٧,٨	٤٥٠	٨٦٤٠
	مارسيي	٦,٥	٦١	٧٠٠
	Strangford Lough	-	-	-
	Conwy	٥,٢	٥,٥	٣٣
الولايات المتحدة	Passamaquoddy Bay, Maine	٥,٥	-	؟
	Knik Arm, الاسكا	٧,٥	-	٢٩٠٠
	Turnagain Arm, الاسكا	٧,٥	-	٦٥٠١
	Golden Gate, California	؟	-	؟
روسيا	Mezen	٩,١	٢٣٠٠	١٩٢٠٠
	Tugur	-	-	٨٠٠٠
	Penzhinskaya Bay [٣][٤]	٦,٠	٢٠،٥٠٠	٨٧،٠٠٠
جنوب أفريقيا	Mozambique Channel	؟	؟	؟
نيو زلندا	Kaipara Harbour	٢,١٠	٩٤٧	٢٠٠+

❖ الطاقة المائية

هي الطاقة المستمدة من حركة المياه المستمرة والتي لا يمكن ان تنفد. وهي من أهم مصادر الطاقة المتجددة، وبمعنى آخر هي الاستفادة من حركة المياه لأغراض مفيدة. فقد كان استخدام الطاقة المائية قبل أنتشار توفر الطاقة الكهربائية التجارية، وذلك في الري وطحن الحبوب، وصناعة النسيج، فضلا عن تشغيل المناشير.

تم استغلال طاقة المياه لقرون طويلة. ففي امبراطورية روما، كانت الطاقة المائية تستخدم في مطاحن الدقيق وإنتاج الحبوب، كما في الصين وبقية بلدان الشرق الاقصى، وتستخدم حركة الماء الهيدروليكية على تحريك عجلة لضخ المياه في قنوات الري وهو ما يعرف يالنواعير.

وفي الثلاثينات من القرن الثامن عشر، في ذروة بناء القناة المائية استخدمت المياه للنقل الشاقولي صعودا ونزولا عبر التلال باستخدام السكك الحديدية.

كان نقل الطاقة الميكانيكية مباشرة يتطلب وجود الصناعات التي تستخدم الطاقة المائية قرب شلال. وخاصة خلال النصف الأخير من القرن التاسع عشر، واليوم يعتبر أهم استخدامات الطاقة المائية هو توليد الطاقة الكهربائية، مما يوفر الطاقة المنخفضة التكلفة حتى لو استخدمت في الأماكن البعيدة من المجرى المائي.

❖ الطاقة الريحية

وتعرّف بأنهاعملية تحويل حركة طاقة الرياح إلى شكل وقد بلغ إجمالي إنتاج الطاقة الكهربائية من الرياح للعام ٢٠٠٦ بـ ٧٤،٢٢٣ ميغاواط، بما يعادل ١% من الاستخدام العالمي للكهرباء، وبالتفصيل فقد بلغت نسبة الإنتاج إلى الاستهلاك حوالي ٢٠% في الدانمارك و٩% في اسبانيا و٧% في ألمانيا. وبهذا يكون الإنتاج

العالمي للطاقة المحولة من الرياح قد تضاعف ٤ مرات خلال الفترة الواقعة بين ٢٠٠٦. وعام ٢٠٠٠ عام

يتم تحويل حركة الرياح التي تُدَور العنفات عن طريق تحويل دوران هذه الأخيرة إلى كهرباء بواسطة مولدات كهربائية. ويستفيد العلماء من خبرتهم السابقة بتحويل حركة الرياح إلى حركة فيزيائية حيث أن استخدام طاقة الرياح بدأ مع بدايات التاريخ، فقد استخدمها الفراعنة في تسيير المراكب في نهر النيل كما استخدمها الصينيون عن طريق طواحين الهواء لضخ المياه الجوفية.

تستخدم طاقة الرياح على شكل حقول لعنفات الرياح لصالح شبكات الكهرباء المحلية. وعلى شكل العنفات الصغيرة لتوفير الكهرباء للمنازل الريفية أو شبكات المناطق النائية.

تعتبر طاقة الرياح آمنة فضلا عن أنها من أحد أفراد عائلة الطاقة المتجددة، وهي طاقة بيئية لا يصدر منها ملوثات مضرة بالبيئة، يتجه العالم الآن بعد ظاهرة الاحتباس الحراري فضلا عن التلوث، لاعتماد مصادر الطاقة المتجددة كمصادر طاقة بديلة وللتخفيف من استخدام الوقود الاحفوري .

طرق توليدها

المكونات الرئيسية لعنفة الرياح هي شفرات دوَّارة تحمل على عمود ومولد يعمل على تحويل الطاقة الحركية للرياح إلى طاقة كهربية، فعندما تمر الرياح على الشفرات تخلق دفعة هواء ديناميكية تتسبب في دوران الشفرات، وهذا الدوران يشغل المولد فينتج طاقة كهربية، كما جهزت تلك التوربينات بجهاز تحكم في دوران الشفرات (فرامل) لتنظيم معدلات دورانها ووقف حركتها إذا لزم الأمر. تعتمد كمية الطاقة المنتجة من توربين الرياح على سرعة الرياح وقطر الشفرات؛ لذلك توضع التوربينات التي تستخدم لتشغيل المصانع أو للإنارة فوق أبراج؛ لأن سرعة الرياح تزداد مع الارتفاع عن سطح الأرض، ويتم وضع تلك التوربينات

بأعداد كبيرة على مساحات واسعة من الأرض لإنتاج أكبر كمية من الكهرباء، تنتج الولايات المتحدة وحدها سنويًّا حوالي ٣ بليون كيلو وات في الساعة (تلك الكمية تكفي لسد احتياجات مليون شخص من الكهرباء)، وذلك من حقول الرياح الموجود معظمها في كاليفورنيا، عادة يتم تخزين الكهرباء الزائدة عن الاستخدام في بطاريات، ولأن هناك بعض الأوقات التي تقل فيها سرعة الرياح، مما يصعب معه إنتاج الطاقة الكهربية، فإن مستخدمي طاقة الرياح يجب أن يكون لديهم مولدًا احتياطيًّا يعمل بالديزل أو بالطاقة الشمسية لاستخدامه في تلك الأوقات. المكان الأفضل لوضع التوربينات (عمل حقل رياح) يجب ألا يقل متوسط سرعة الرياح فيه سنويًّا عن ١٢ ميل في الساعة. وغير إنتاج الطاقة الكهربية فإن توربينات الرياح يمكنها إنتاج طاقة ميكانيكية تستخدم في عدد كبير من التطبيقات، مثل ضخ المياه، الري، تجفيف الحبوب وتسخين المياه. مميزاتها وعيوبها : طاقة الرياح طاقة محلية متجددة ولا ينتج عنها غازات تسبب ظاهرة البيت الزجاجي أو ملوثات، مثل ثاني أكسيد الكربون أو أكسيد النتريك أو الميثان، وبالتالي فإن تأثيرها الضار بالبيئة طفيف. ٩٥% من الأراضي المستخدمة كحقول للرياح يمكن استخدامها في أغراض أخرى مثل الزراعة أو الرعي، كما يمكن وضع التوربينات فوق المباني .أظهرت دراسة حديثة أن كل بليون كيلو وات في الساعة من إنتاج طاقة الرياح السنوي يوفر من ٤٤٠ إلى ٤٦٠ فرصة عمل. التأثير البصري لدوران التوربينات والضوضاء الصادرة عنها قد تزعج الأشخاص القاطنين بجوار حقول الرياح، ولتقليل هذه التأثيرات يفضل إنشاء حقول الرياح في مناطق بعيدة عن المناطق السكنية. تتسبب التوربينات العملاقة أحيانًا في قتل بعض الطيور خاصة أثناء فترات هجرتهم، ويتم حاليًا دراسة تأثيرها على انقراض بعض أنواع الطيور، ولكن النتائج المبدئية تشير إلى أن التوربينات ليس لها هذا التأثير الشديد. وأخيرًا يمكن القول: إن طاقة الرياح من الطاقات التي يمكن تطبيق استخدامها بسهولة في عالمنا العربي لتقليل نسب التلوث التي بدأت تتزايد، ورغم أن الفكرة بدأ تطبيقها فعلاً في بعض الدول العربية إلا أن المطلوب نشر التجربة في باقي الدول.

الدنمارك... أكبر الحقول

تعتبر الدانمرك أكثر البلاد استغلالا للطاقة الريحية عام ٢٠٠٩ ، فحاليا تنتج نحو ٢٠ % من الطاقة بواسطة الأبراج الريحية ولها مساهمة وخبرة عظيمة في هذا المجال. واستطاعت الدانمرك تحسين إنتاجها بحيث يبلغ إنتاجية البرج الواحد ٣ ميجاواط، ويبلغ ارتفاع البرج نحو ١٤ طابقا. وتتلو الدانمارك من ناحية نسبة إنتاج الطاقة من الريح أسبانيا والبرتغال حيث تنتج كل منها نحو % ١٠ من الطاقة. وتقوم ألمانيا ببرنامج طموح لإنشاء من ٢٠٠٠ إلى ٢٥٠٠ ميجاواط جديدة كل عام.

❖ الطاقة الشمسية

يُقصد بالطاقة الشمسية الضوء المنبعث والحرارة الناتجة عن الشمس اللذان قام الإنسان بتسخيرهما لمصلحته منذ العصور القديمة باستخدام مجموعة من وسائل التكنولوجيا التي تتطور باستمرار. من الأهمية هنا أن نذكر أنه لم يتم استخدام سوى جزء صغير من الطاقة الشمسية المتوافرة في حياتنا. يتم توليد طاقة كهربية من الطاقة الشمسية بواسطة محركات حرارية أو محولات فولتوضوئية. وبمجرد أن يتم تحويل الطاقة الشمسية إلى طاقة كهربية، فإن براعة الإنسان هي فقط التي تقوم بالتحكم في استخداماتها. ومن التطبيقات التي تتم باستخدام الطاقة الشمسية نظم التسخين والتبريد خلال التصميمات المعمارية التي تعتمد على استغلال الطاقة الشمسية، والماء الصالح للشرب خلال التقطير والتطهير، واستغلال ضوء النهار، والماء الساخن، والطاقة الحرارية في الطهو، ودرجات الحرارة المرتفعة في أغراض صناعية. تتسم وسائل التكنولوجيا التي تعتمد الطاقة الشمسية بشكل عام بأنها إما أن تكون نظم طاقة شمسية سلبية أو نظم طاقة شمسية إيجابية وفقًا للطريقة التي يتم استغلال وتحويل وتوزيع ضوء الشمس من خلالها. وتشمل التقنيات التي تعتمد على استغلال الطاقة الشمسية الإيجابية استخدام اللوحات الفولتوضوئية والمجمع الحراري الشمسي، مع المعدات الميكانيكية والكهربية،

للطاقة.هذا، في حين تتضمن لتحويل ضوء الشمس إلى مصادر أخرى مفيدة
السلبية توجيه أحد المباني التقنيات التي تعتمد على استغلال الطاقة الشمسية
المناسبة أو خصائص تشتيت الكتلة الحرارية ناحية الشمس واختيار المواد ذات
تدوير الهواء بصورة الأشعة الضوئية، وتصميم المساحات التي تعمل على
طبيعية.

يستقبل كوكب الأرض ١٧٤ بيتا واط من الإشعاعات الشمسية القادمة إليه
(الإشعاع الشمسي) عند طبقة الغلاف الجوي العليا .وينعكس ما يقرب من ٣٠%
من هذه الإشعاعات عائدة إلى الفضاء بينما تُمتص النسبة الباقية بواسطة
السحب والمحيطات والكتل الأرضية. ينتشر معظم طيف الضوء الشمسي الموجود
على سطح الأرض عبر المدى المرئي وبالقرب من مدى الأشعة تحت الحمراء
بالإضافة إلى انتشار جزء صغير منه بالقرب من مدى الأشعة فوق البنفسجية
تمتص مسطحات اليابسة والمحيطات والغلاف الجوي الإشعاعات الشمسية،
ويؤدي ذلك إلى ارتفاع درجة حرارتها .يرتفع الهواء الساخن الذي يحتوي على
بخار الماء الصاعد من المحيطات مسبباً دوران الهواء الجوي أو انتقال الحرارة
بخاصية الحمل في اتجاه رأسي. وعندما يرتفع الهواء إلى قمم المرتفعات، حيث
تنخفض درجة الحرارة، يتكثف بخار الماء في صورة سحب تمطر على سطح الأرض،
ومن ثم تتم دورة الماء في الكون. تزيد الحرارة الكامنة لعملية تكثف الماء من
انتقال الحرارة بخاصية الحمل، مما يؤدي إلى حدوث بعض الظواهر الجوية، مثل
الرياح والأعاصير والأعاصير المضادة وتعمل أطياف ضوء الشمس التي تمتصها
المحيطات وتحتفظ بها الكتل الأرضية على أن تصبح درجة حرارة سطح الأرض في
المتوسط ١٤ درجة مئوية ومن خلال عملية التمثيل الضوئي الذي تقوم به
النباتات الخضراء، يتم تحويل الطاقة الشمسية إلى طاقة كيميائية، مما يؤدي إلى
إنتاج الطعام والأخشاب والكتل الحيوية التي يُستخرج منها الوقود الحفري.

حجم الطاقة الشمسية القادمة لكوكب الأرض

يصـل إجمـالي الطاقـة الشمسـية التـي يقـوم الغـلاف الجـوي والمحيطـات والكتل الأرضية بامتصاصها إلى حـوالي ٣,٨٥٠,٠٠٠ كونتليـون جـول في العـام، وفي عام ٢٠٠٢، زادت كمية الطاقة التي يتم امتصاصها في ساعة واحدة عـن كمية الطاقة التي تم استخدامها في العالم في عام واحد يستهلك التمثيل الضوئي حوالي ٣,٠٠٠ كونتليون جول من الطاقة الشمسية في العـام في تكوين الكتـل الحيويـة تكون كمية الطاقة الشمسية التي تصل إلى سطح الأرض كبيرة للغاية، لدرجة أنها تصل في العـام الواحد إلى حوالي ضعف ما سيتم الحصول عليه من مصادر الطاقة المتجددة الموجودة على الأرض مجتمعة معًا .

تطبيقات على استخدام الطاقة الشمسية

يتطلب متوسط الإشعاع الشمسيـ الـذي يوضـح مساحة اليابس (كنقـاط سوداء صغيرة) تصنيف الفائض من الطاقة الأساسية في العالم مـن ضـمن الطاقة الكهربية التـي تولدها الطاقة الشمسـية ١٨ تريليـون وات يسـاوي ٥٦٨ كونتليون جول في السنة .يقدر الإشعاع الشمسي بالنسبة لمعظم الناس بما يـتراوح مـن ١٥٠ إلى ٣٠٠ وات / متر مربع، أو ٣,٥ إلى ٧,٠ كيلو وات ساعة للمتر المربع في اليوم.

تتسـم التقنية التي تعتمد على الطاقة الشمسية بشـكل عـام بأنها إمـا أن تكون سلبية أو إيجابية وفقًا للطريقة التي يتم استغلال وتحويل وتوزيع ضـوء الشمس من خلالها. وتشمل تقنية الطاقة الشمسية الإيجابية استخدام اللوحـات الفولتوضـوئية والمضـخات والمـراوح في تحويـل ضـوء الشـمس إلى مصـادر أخـرى مفيدة للطاقة. هذا، في حين تتضـمن تقنيـة الطاقة الشمسية السلبية عمليـات اختيار مواد ذات خصائص حرارية مناسبة وتصميم الأماكن التي تسـمح بدوران الهواء بصورة طبيعية واختيار أماكن مناسبة للمباني بحيث تواجه الشمس. تتسم تقنيات الطاقة الشمسية الإيجابية بإنتاج كمية وفيرة من الطاقة، لـذا فهي تعـد من المصادر الثانوية

لإنتاج الطاقة بكميات وفيرة، بينما تعتبر تقنيات الطاقة الشمسية السلبية وسيلة لتقليل الحاجة إلى المصادر البديلة. وبالتالي فهي تعتبر مصادر ثانوية لسد الحاجة إلى كميات زائدة من الطاقة.

١- التخطيط المدني والمعماري

حازت جامعة دارمشتات للتكنولوجيا على المركز الأول في مسابقة "سولار دكثلون" بين الجامعات التي نظمت في مقاطعة واشنطن عن تصميم منزل يعمل بالطاقة الشمسية السلبية والذي صمم خصيصًا مناسبًا للمناخ الرطب الحار شبه الاستوائي.

لقد أثر ضوء الشمس على تصميم المباني منذ بداية التاريخ المعماري ولقد تم استخدام وسائل التخطيط المدني والمعماري المتطورة التي تعتمد على استغلال الطاقة الشمسية لأول مرة بواسطة اليونانيين والصينيين الذين قاموا بإنشاء مبانيهم بحيث تكون لناحية الجنوب للحصول على الضوء والدفء من الخصائص الشائعة للتخطيط المعماري الذي يعتمد على تقنية الطاقة الشمسية السلبية إنشاء المباني بحيث تكون ناحية الشمس معدل الضغط (نسبة مساحة سطح منخفض إلى حجمه) والتظليل الانتقائي (أجزاء من الأبنية متدلية) والكتلة الحرارية، عندما تتوفر هذه الخصائص بحيث تتناسب مع البيئة والمناخ المحلي، فمن الممكن أن تنتج عنها أماكن جيدة الإضاءة ذات مدى متوسط من درجات الحرارة ، ويعتبر منزل الفيلسوف اليوناني سقراط الذي يسمى "ميجارون" مثالاً نموذجيًا للتصميمات المعمارية التي تعتمد على تقنيات الطاقة الشمسية السلبية، تستخدم التطبيقات الحديثة الخاصة بالتصميمات المعمارية التي تعتمد على استغلال الطاقة الشمسية بتصميمات يتم تنفيذها على الكمبيوتر بحيث تجمع بين نظم التهوية والتدفئة والإضاءة الشمسية في تصميم واحد لاستغلال الطاقة الشمسية ويكون متكاملاً من الممكن أن تعوض المعدات التي تعتمد على الطاقة الشمسية الإيجابية، مثل

المضخات والمراوح والنوافذ المتحركة، سلبيات التصميمات وتحسن من أداء النظام. الجزر الحرارية الحضرية (Urban Heat Islands) هي مناطق يعيش فيها الإنسان وتكون درجة حرارتها أعلى من درجة حرارة البيئة المحيطة بها. وتُعزى درجات الحرارة المرتفعة في هذه الجزر إلى الامتصاص المتزايد لضوء الشمس بواسطة المكونات التي تميز المناطق الحضرية، مثل الخرسانة والأسفلت، والتي تكون ذات قدرة أقل على عكس الضوء وسعة حرارية أعلى من تلك الموجودة في البيئة الطبيعية. ومن الطرق المباشرة لمعادلة تأثير الجزر الحرارية طلاء المباني والطرق باللون الأبيض وزراعة النباتات، وباستخدام هذه الطرق، أوضح البرنامج النظري الذي يحمل عنوان "نحو مجتمعات معتدلة المناخ" الذي نُظم في لوس أنجلوس أن درجات الحرارة في المدن يمكن أن تنخفض بحوالي ٣ درجات مئوية بتكلفة تقدر بواحد بليون دولار أمريكي، كما أعطى البرنامج تقديرًا لإجمالي الأرباح السنوية التي يمكن تحقيقها من جراء خفض درجات الحرارة؛ حيث تقدر هذه الأرباح بحوالي ٥٣٠ مليون دولار أمريكي ناتجة عن خفض تكاليف استخدام أجهزة تكييف الهواء وتوفير نفقات الدولة الخاصة بالرعاية الصحية.

٢- زراعة النباتات والبساتين

يسعى المعنيون بتنمية الزراعة وتطويرها إلى زيادة قدر الاستفادة من الطاقة الشمسية بهدف زيادة معدل إنتاجية النباتات المزروعة. فبعض التقنيات التي تتمثل في تنظيم مواسم الزراعة حسب أوقات العام وتعديل اتجاه صفوف النباتات المزروعة وتنظيم الارتفاعات بين الصفوف وخلط أصناف نباتية مختلفة يمكن أن تحسن من إنتاجية المحصول بينما يعتبر ضوء الشمس مصدرًا وفيرًا من مصادر الطاقة، فهناك آراء تلقي بالضوء على أهمية الطاقة الشمسية بالنسبة للزراعة. في المواسم التي كانت المحاصيل التي تنمو فيها قصيرة خلال العصر ـ الجليدي القصير، زرع الفلاحون الإنجليزيون والفرنسيون مجموعات من أشجار فاكهة طويلة لزيادة كمية الطاقة الشمسية التي يتم تجميعها إلى الحد الأقصى ـ تعمل هذه

الأشجار ككتل حرارية، كما أنها تزيد من معدل نضج الفاكهة عن طريق الاحتفاظ بالفاكهة في وسط دافئ. قديمًا كان يتم بناء هذه الأشجار عمودية على الأرض وفي مواجهة الجنوب، ولكن بمرور الوقت، تم إنشاؤها مائلة لاستغلال ضوء الشمس على خير وجه. وفي عام ١٦٩٩، اقترح" نيكولاس فاشيو دي دويلير"استخدام أحد الآلات التي من الممكن أن تدور على محوربحيث تتبع أشعة الشمس تشمل تطبيقات الطاقة الشمسية في مجال الزراعة، بغض النظر عن زراعة المحاصيل، استخدامها في إدارة ماكينات ضخ الماء وتجفيف المحاصيل وتفريخ الدجاج وتجفيف السماد العضوي للدجاج، وفي العصر الحديث، تم استخدام الطاقة المتولدة بواسطة اللوحات الشمسية في عمل عصائر الفاكهة.

وتقوم الصوب الزجاجية بتحويل ضوء الشمس إلى حرارة، مما يؤدي إلى إمكانية زراعة جميع المحاصيل على مدار العام وزراعة (في بيئة مغلقة) أنواع من المحاصيل والنباتات لا يمكن لها أن تنمو في المناخ المحلي، تم استخدام الصوب الزجاجية البدائية لأول مرة في العصر الروماني لزراعة الخيار حتى يمكن توفيره على مدار العام بأكمله للإمبراطور الروماني" تيبريوس "ولقد تم بناء أول صوبة زجاجية حديثة لأول مرة في أوروبا في القرن السادس عشر من أجل الاحتفاظ بالنباتات الغريبة التي كان يتم جلبها من خارج البلاد بعد فحصها .من الجدير بالذكر أن الصوب الزجاجية ظلت تعتبر جزءًا مهمًا من زراعة البساتين حتى وقتنا الحالي، وقد تم استخدام المواد البلاستيكية الشفافة أيضًا في الأنفاق المتشعبة وأغطية صفوف النباتات المزروعة للهدف نفسه.

٣- الإضاءة الشمسية

يرجع استخدام بعض التطبيقات القائمة على الاستفادة من ضوء النهار مثل وجود فتحة كبيرة في منتصف الأسقف العالية كالتي توجد في معبد بانثيون في روما إلى العصور الوسطى.

يعتبر استخدام ضوء الشمس الطبيعي من أنواع الإضاءة الأكثر استخدامًا على مر العصور. وقد عرف الرومانيون حقهم في الاستفادة من الضوء منذ القرن السادس الميلادي، كما سار الدستور الإنجليزي على المنوال نفسه مؤيدًا ذلك بإصدار قانون التقادم لعام ١٨٣٢. وفي القرن العشرين أصبحت الإضاءة باستخدام الوسائل الصناعية المصدر الرئيسي ـ للإضاءة الداخلية، ولكن ظلت التقنيات التي تعتمد على استغلال ضوء النهار ومحطات الإضاءة الهجينة التي تعتمد على ضوء الشمس وغيره من طرق تقليل معدل استهلاك الطاقة.

تقوم نظم الإضاءة التي تقوم على ضوء النهار بتجميع وتوزيع ضوء الشمس لتوفير الإضاءة الداخلية. هذا، وتقوم وسائل التكنولوجيا التي تعتمد على الطاقة الشمسية السلبية بصورة مباشرة بتعويض استخدام الطاقة عن طريق استخدام الإضاءة الصناعية بدلاً منها، كما تقوم بتعويض بصورة غير مباشرة استخدام الطاقة غير الشمسية عن طريق تقليل الحاجة إلى تكييف الهواء يقدم استخدام الإضاءة الطبيعة أيضًا فوائد عضوية ونفسية بالمقارنة بالإضاءة الصناعية، وذلك على الرغم من صعوبة تحديد هذه الفوائد بالضبط. ذلك، حيث تشتمل تصميمات الإضاءة التي تعتمد على ضوء النهار على اختيار دقيق لأنواع النوافذ وحجمها واتجاهها، كما قد يتم الأخذ في الاعتبار وسائل التظليل الخارجي، وتتضمن التطبيقات الفردية من هذا النوع من الإضاءة الطبيعة وجود أسقف مسننة ونوافذ علوية للإضاءة وتثبيت أرفف على النوافذ لتوزيع الإضاءة وفتحات إضاءة في أعلى السقف وأنابيب ضوئية. قد يمكن تضمين هذه التطبيقات في تصاميم موجودة بالفعل، ولكنها تكون أكثر فاعلية عندما يتم دمجها في تصميم شامل يعتمد على الطاقة الشمسية بحيث يهتم ببعض العوامل مثل سطوع الضوء وتدفق الحرارة والاستغلال الجيد للوقت. عندما يتم تنفيذ هذه التطبيقات بصورة سليمة، فمن الممكن أن يتم تقليل حجم الطاقة اللازمة للإضاءة بنسبة ٢٥% تعتبر نظم الإضاءة الشمسية الهجينة من سبل استغلال الطاقة الشمسية الإيجابية في الإضاءة الداخلية. تقوم هذه النظم بتجميع ضوء الشمس باستخدام مرايا عاكسة متحركة تبعًا لحركة الشمس، كما

تتضمن أليافًا ضوئية لنقل الضوء إلى داخل المبنى لزيادة الإضاءة العادية. وفي التطبيقات التي يتم الاستعانة بها في المباني ذات الطابق الواحد، تكون هذه النظم قادرة على نقل ٥٠% من ضوء الشمس المباشر الذي يتم استقباله تعتبر الإضاءة المستمدة من الشمس التي يتم اختزانها في أثناء النهار واستخدامها في الإضاءة في الليل من الأشياء المألوفة رؤيتها على طول الطرق وممرات المشاه. وعلى الرغم من أنه يتم استغلال ضوء النهار كإحدى طرق استخدام ضوء الشمس في توفير الطاقة، فإنه يتم الحد من الأبحاث الحديثة التي يتم إجراؤها، حيث أوضحت بعض النتائج العكسية: فهناك عدد من الدراسات التي أوضحت أن هذه الطريقة ينتج عنها توفير للطاقة، بيد أن هناك الكثير من الدراسات التي أظهرت أن هذه الطريقة ليس لها أي أثر على معدل استهلاك الطاقة، بل وقد تؤدي أيضًا إلى حدوث فقد في الطاقة، ولا سيما عندما يتم أخذ استهلاك البنزين في الحسبان. يتأثر معدل استهلاك الكهرباء بصورة كبيرة بالناحية الجغرافية والمناخية والجوانب الاقتصادية، مما يزيد من صعوبة استنباط نتائج عامة من دراسات فردية.

إستخدامات حرارة الشمس

١- تسخين الماء

تستخدم نظم التسخين التي تعمل بالطاقة الشمسية ضوء الشمس في تسخين الماء. ففي المنخفضات الجغرافية التي تقع (تحت ٤٠ درجة)، يمكن أن يتم توفير ما يترواح من ٦٠ إلى ٧٠% من الماء الساخن المستخدم في المنازل بدرجات حرارة ترتفع إلى ٦٠ درجة مئوية بواسطة نظم التسخين التي تعمل بالطاقة الشمسية، ويعتبر من أكثر أنواع سخانات المياه التي تعمل بالطاقة الشمسية الأنابيب المفرغة (٤٤%) والألواح المستوية المصقولة (٣٤%) التي تستخدم بصفة عامة لتسخين الماء في المنازل، وكذلك الألواح البلاستيكية غير المصقولة (٢١%) التي تستخدم بصفة رئيسية في تدفئة مياه حمامات السباحة بالنسبة لعام ٢٠٠٧، كان إجمالي سعة نظم تسخين الماء التي تعمل بالطاقة الشمسية حوالي ١٥٤ جيجا وات.

٢- التدفئة والتبريد

في الولايات المتحدة الأمريكية، تحتل نظم التدفئة والتبريد والتكييف نسبة ٣٠% من الطاقة المستخدمة في أماكن العمل وحوالي ٥٠% من الطاقة المستخدمة في المباني السكنية.

يقصد بالكتلة الحرارية أية مادة يمكن استخدامها لتخزين الحرارة – الحرارة المنبعثة من الشمس إذا كنا نخص الطاقة الشمسية بالذكر. وتشتمل هذه المواد على الحجارة والأسمنت والماء. ومن الناحية التاريخية، لقد تم استخدام هذه المواد في المناطق ذات المناخ الجاف أو المناخ المعتدل الدافئ للاحتفاظ ببرودة المباني في فترات النهار عن طريق امتصاص الطاقة الشمسية في أثناء النهار وإطلاق الحرارة المخزنة في الأجواء الباردة في فترات الليل. على أية حال، يمكن استخدام هذه المواد أيضًا في المناطق الباردة بشكل متوسط للاحتفاظ بالدفء فيها، ويتوقف حجم ومكان الخامات المستخدمة في تخزين حرارة الشمس على عدة عوامل، مثل الظروف المناخية والإضاءة في فترات النهار والظل. وعندما يتم تضمين هذه المواد في التصميمات، تعمل الكتلة الحرارية على الحفاظ على درجة حرارة المكان في مدى مناسب وتقلل من الحاجة إلى وسائل إضافية للتدفئة أو التبريد. تعتبر المدخنة التي تعمل بالطاقة الشمسية (أو المدخنة الحرارية، في هذا السياق) إحدى نظم التهوية التي تعمل بالطاقة الشمسية السلبية والتي تتألف من عمود رأسي متصل بداخل المبنى وخارجه. فعندما ترتفع درجة حرارة المدخنة، فإن الهواء الموجود داخل المبنى يتم تسخينه لذلك ينتج عنه تيار هواء صاعد يرتفع لأعلى ويحل محله هواء بارد. يمكن أن يتم تحسين نتائج المدخنة عن طريق استخدام مواد ذات كتلة حرارية وأسطح مصقولة بطريقة تحاكي كيفية عمل الصوب الزجاجية. تم استخدام النباتات والأشجار النفضية كوسيلة للتحكم في نظم التدفئة والتبريد التي تعمل بالطاقة الشمسية، فعندما تمت زراعة هذه النباتات على الناحية الجنوبية من أحد المباني، قامت أوراقها بتوفير الظل للمكان في أثناء فصل الصيف، بينما سمحت الأغصان غير المورقة لضوء الشمس بالدخول في المبنى في أثناء فصل

الشتاء، ونظرًا لأن الأشجار غير المورقة تقوم بحجب من ٣/١ إلى ٢/١ الإشعاعات الشمسية الساقطة، فهناك توازن بين فوائد الظل في فصل الصيف والطرف وبالنسبة للمناخ الذي له والمتمثل في الافتقار إلى التدفئة في فصل الشتاء، المناظر تتم زراعة الأشجار تزيد فيه درجات التدفئة بصورة ملحوظة، لا ينبغي أن على الطاقة الشمسية النفضية على الناحية الجنوبية من المبنى لأنها ستؤثر هذه الأشجار على المتاحة في فصل الشتاء. على أية حال، تمكن زراعة مثل في فصل الصيف دون الناحيتين الشرقية والغربية من المبنى لتوفير قدر من الظل عليها في فصل التأثير بشكل ملحوظ على الطاقة الشمسية التي يتم الحصول الشتاء.

٣- معالجة الماء

يستخدم التقطير الشمسي لجعل الماء المالح والماء الغث صالحًا للشرب. وأول من استخدم هذا الأسلوب علماء الكيمياء العرب في القرن السادس عشر، هذا، وقد تم تأسيس أول مشروع تقطير شمسي ضخم في عام ١٨٧٢ في مدينة "لاس ساليناس" الشيلية المتخصصة في التعدين. ويستطيع المصنع الذي تبلغ منطقة تجميع الطاقة الشمسية الموجودة به ٤,٧٠٠ متر مربع إنتاج ما يصل إلى ٢٢,٧٠٠ لتر ماء نقي يوميًا لمدة ٤٠ عامًا ومن أنواع التصميمات الفردية لأجهزة التقطير الشمسي الأجهزة ذات السطح المنحدر المفرد والمزدوج (التي تشبه الصوبة الزجاجية) والأجهزة الرأسية والمخروطية وذات الألواح الماصة العكسية ومتعددة التأثير. ومن الممكن أن تعمل هذه الأجهزة في أوضاع "Active" أي نشط و "Passive" أي غير نشط و "Hybrid" أي مختلط. وتُعد أجهزة التقطير ذات السطح المنحدر المزدوج الأقل تكلفة ويمكن استخدامها في الأغراض المنزلية، بينما تُستخدم الأجهزة متعددة التأثير في التطبيقات واسعة النطاق. تعتمد عملية تطهير الماء باستخدام الطاقة الشمسية على تعريض زجاجات بلاستيكية من ترفتالات البولي إثيلين مملوءة بالماء الجاري تطهيره لضوء الشمس لعدة ساعات

وتختلف مدة تعريضها للشمس على حالة الجو؛ من ٦ ساعات كحد أدنى إلى يومين في أسوأ الظروف الجوية وتنصح منظمة الصحة العالمية بالقيام بعملية تطهير الماء باستخدام الطاقة الشمسية كأسلوب بسيط لمعالجة الماء في المنازل والتخزين الآمن لها ومن الجدير بالذكر أن أكثر من ٢ مليون شخص في البلاد النامية يستخدمون عملية تطهير الماء باستخدام الطاقة الشمسية لمعالجة ماء الشرب العادية المستخدمة يوميًا

يمكن استخدام الطاقة الشمسية مع برك الماء الراكد لمعالجة الماء المتسخ دون استخدام مواد كيميائية أو كهرباء. ومن المميزات البيئية الأخرى لهذا الأسلوب أن الطحالب تنمو في مثل هذه البرك وتستهلك ثاني أكسيد الكربون في عملية البناء الضوئي.

٤- الطهو بالطاقة الشمسية

إن الطباخ الشمسي- عبارة عن جهاز يستخدم ضوء الشمس في الطهو والتجفيف والبسترة، وتنقسم أنواعه إلى ثلاث فئات:

- صناديق تحبس الحرارة ومواقد مكثفات منحنية (بارابولاكس)
- مواقد مسطحة على شكل ألواح.
- الصناديق الحابسة للحرارة

وتم إنشاء أول جهاز (الصناديق الحاسبة للحرارة) بواسطة" حورس دي سوسير "في عام ١٧٦٧ وتتكون بشكل أساسي من وعاء معزول وغطاء شفاف. ويمكن استخدامه بشكل فعال في الظروف الجوية السيئة؛ حيث ترتفع درجة حرارته بشكل كبير لتصل إلى ما يتراوح بين ٩٠ و١٥٠ درجة مئوية، أما بالنسبة لمواقد الطهو المسطحة على شكل ألواح، فإنها تتكون من لوح عاكس لتوجيه أشعة الشمس إلى الوعاء المعزول، وينتج عنها درجة حرارة مرتفعة تصل إلى درجات

مشابهة لتلك التي تصل إليها صناديق الطهو الحابسة للحرارة، أما المواقد المكثفات المنحنية (بارابولاكس)، فيحتوي على أدوات ذات أشكال هندسية عديدة طبق ووعاء ومرايا التي تعمل على تجميع أشعة الشمس وتركيزها على وعاء الطهو. وينتج عن هذا النوع من المواقد درجة حرارة مرتفعة تصل إلى ٣١٥ درجة مئوية وأكثر، ولكنها تحتاج إلى ضوء مباشر لكي تعمل بشكل سليم ويجب أن يتم تغيير وضعها بحيث تكون مواجهة للشمس أما بالنسبة للوعاء المجمع للطاقة الشمسية، فهو عبارة عن وسيلة لتركيز أشعة الشمس تم استخدامها في المطبخ الشمسي في "أوروفيل" في الهند، حيث تم استخدام عاكس كروي الشكل ثابت يركز الضوء على طول خط عمودي على السطح الداخلي للكرة، وهناك نظام تحكم بالكمبيوتر يعمل على تحريك وعاء الاستقبال ليتقاطع مع هذا الخط. وينتج البخار في وعاء الاستقبال بدرجات حرارة تصل إلى ١٥٠ درجة مئوية ثم يُستخدم بعد ذلك في عمليات التسخين في الطهو" قام" ولفجانج سكيفلر " باختراع عاكس في عام ١٩٨٦، والذي يُستخدم في العديد من المطابخ التي تعمل بالطاقة الشمسية. ويتكون عاكس "سكيفلر" من طبق ذي قطع مكافئ ومرن يجمع بين صفات الوعاء وأجهزة التركيز البرجية. ويستخدم التعقب القطبي لمتابعة الحركة اليومية للشمس ويتم تعديل زاوية انحناء العاكس تبعًا لاختلاف المواسم والفصول ووفقًا لزاوية سقوط ضوء الشمس. من الممكن أن ترتفع درجة حرارة هذا العكس لتصل إلى ما يتراوح بين ٤٥٠ و٦٥٠ درجة مئوية كما أن لها نقطة بؤرية ثابتة والتي تسهل من عملية الطهو ويوجد أكبر عاكس "سكيفلر" في العالم في مدينة "راجاستان "في الهند، ويستطيع طهو ما يزيد عن ٣٥,٠٠٠ وجبة في اليوم وفي عام ٢٠٠٨، كان قد تم إنشاء ما يزيد عن ٢,٠٠٠ جهاز طهو "سكيفلر" ضخم في كل أنحاء العالم .

علاوة على ذلك، يتم استخدام الطاقة الشمسية أيضًا في إزالة السموم من الماء الملوث بواسطة التحلل الضوئي ولكن تكاليف هذه العملية محل نقاش وجدل.

طاقة شمسية فضائية

هو تحويل الطاقة الشمسية المكتسبة في الفضاء إلى أي نوع آخر من الطاقة(الكهربائية أساسا)، بوضع أقمار صناعية ضخمة في مدارات في الفضاء، تكون عبارة عن أجسام عملاقة قابلة للتمدد، وتكون مكونة من ألواح وهوائيات قادرة على تجميع أشعة الشمس لتحويلها إلى طاقة كهربائية بحيث تقوم بتلك المهمة بالتحديد. ومن ثم يمكن تحويل حزمة الأشعة، لدى تلقيها في محطات الاستقبال الموجودة على سطح الأرض، إلى تيار كهربائي أو وقود اصطناعي يتدفقان بشكل متواصل إلى شبكات خطوط الكهرباء بغض النظر عن الفصل (صيفاً أم شتاء) أو الطقس أو المكان، وذلك على النقيض من التيار الكهربائي المولد في المحطات الأرضية المستخدمة للطاقة الشمسية.

التقنية

تكمل العملية بإقامة أقمار صناعية لجمع الطاقة الشمسية من المدارات "جيوسينكرونوس " على بعد ٢٢ ألف ميل في الفضاء. وتبعث تلك الأقمار الصناعية ميغاواط من الطاقة الشمسية، بترددات كهروميغناطيسية، إلى أجهزة استقبال، حيث يتم تحويلها إلى كهرباء وتنقل عبر قضبان الطاقة.

تمركز الأقمار الصناعية في تلك المدارات البعيدة ونظراً لعدم انعكاس ظل الأرض عليها، يعني فيضاً لا ينضب ومتواصلاً، على مدار الساعة، من الطاقة الكهربائية المتجددة.

اول من قام باستخدامها

العالم الأمريكي بيتر غلاسر كان أول من اخترع فكرة توليد الطاقة الشمسية من الفضاء عام١٩٦٨.

تمت عدة دراسات في هذا الموضوع، منها دراسة "دائرة الطاقة" بوكالة الفضاء والطيران الأمريكية ناسا للمقترح خلال فترة السبعينيات، إلى أن التقنية قابلة للتطبيق، باستثناء تكلفتها الباهظة. قدرت التكلفة المقدرة لتشييد البنية الهيكلية للمشروع بنحو تيرليون دولار، وهو مبلغ كبير.

أعادت الوكالة الأمريكية النظر في المشروع مجدداً في التسعينيات، وبالرغم من تراجع تكلفة الأقمار الصناعية وتقدمها التقني، إلا أن التكلفة الأولية ما زالت عالية للغاية. وفي عام ٢٠٠٢، أجلت الوكالة المشروع إلى أجل غير مسمى.

أعاد التصاعد الحاد في أسعار النفط، بجانب ازدياد الوعي العام بشأن المتغيرات المناخية وتنامي المخاوف من نضوب الموارد الطبيعية، إحياء الاهتمامات بالطاقة الشمسية. وشجع تقرير صادر عن مكتب أمن الفضاء القومي التابع للبنتاغون عام ٢٠٠٧، الحكومة الأمريكية إلى تولي دور ريادي في تطوير أنظمة توليد الطاقة من الفضاء.

انفقت اليابان ملايين الدولارات على دراسات لتوليد الطاقة من الفضاء منذ عقود، تعمل حالياً لإجراء اختبار محدود في هذا الصدد في المستقبل القريب.

وضعت شركة باسيفيك جاز آند إليكتريسيتي التابعة للدولة في ولاية كاليفورنيا إلى توليد ٢٠٠ ميجاوات خلال ١٥ عاما تجمعها منظومة فضائية متكاملة لتجميع الطاقة الشمسية ومن ثم إرسالها إلى الأرض عبر تردد لاسلكي. وتأمل هذه الشركة العملاقة في أن تبدأ المنظومة في العمل عام ٢٠١٦ وهي الآن تسعى للحصول على التصاريح اللازمة من السلطات كي تجري اتصالاتها مع شركة تدعى (ساليرون) لوضع المنظومة في مدارها.

التكلفة

تصل الكلفة الرئيسية، المتعلقة بنقل المعدات والمواد إلى المدار على متن مكوك فضائي، إلى ٢٠ ألف دولار للكيلوغرام الواحد، من الحمولة التي يمكن لمركبة فضائية نقلها، ويعتقد مؤيدو فكرة توليد الكهرباء من الأشعة الشمسية الفضائية أن المشروع سيصبح قابلاً للتطبيق من الناحية الاقتصادية إذا ما تم التوصل إلى تقليص كلفة نقل الحمولة بحيث تصبح أقل من ٢٠٠ دولار للكيلوغرام الواحد، وإذا ما تم التوصل إلى تقليص مجمل كلفة إيصال المعدات وقيام الربوطات بتجميعها أثناء وجودها في موقعها الثابت إزاء الأرض إلى أقل من ٣ آلاف و٥٠٠ دولار للكيلوغرام الواحد.

❖ **الطاقة الجوفية**

وهي طاقة الحرارة الأرضية، حيث يُستفاد من ارتفاع درجة الحرارة في جوف الأرض باستخراج هذه الطاقة وتحويلها إلى أشكال أخرى، وفي بعض مناطق الصدوع والتشققات الأرضية تتسرب المياه الجوفية عبر الصدوع والشقوق إلى أعماق كبيرة بحيث تلامس مناطق شديدة السخونة فتسخن وتصعد إلى أعلى فوارة ساخنة، وبعض هذه الينابيع يثور ويهمد عدة مرات في الساعة وبعضها يتدفق باستمرار وبشكل انسيابي حاملاً معه المعادن المذابة من طبقات الصخور العميقة، ويظهر بذلك ما يطلق عليه الينابيع الحارة، ويقصد الناس هذا النوع من الينابيع للاستشفاء، بالإضافة إلى أن هناك مشاريع تقوم على استغلال حرارة المياه المنطلقة من الأرض في توليد الكهرباء .

❖ **طاقة الكتلة الأحيائية**

بالتعريف هي الطاقة الناتجة من المخلفات العضوية والحيوانية والنباتية والبشرية. وسواء كانت هذه المخلفات صلبة أم كانت ماء صناعياً فائضاً أم مخلفات

زراعية، فهي قابلة لمعالجة الكثير منها باستخدام "التخمير البكتيري" أو "الاحتراق الحراري" أو تحلل الكائنات الحية المجهرية. ويعطي كل أسلوب منتوجاته الخاصة به مثل الميثان (وهو مركّب رئيسي لغاز الطهو) والكحول والبخار والأسمدة الكيميائية السائلة. ومع تزايد السكان في مدينة مثل بيروت والضواحي وزيادة الفضلات أصبح التخلص من هذه النفايات أمراً ملحاً .

ويعد الإيثانول (Ethanol) واحداً من أفضل أنواع الوقود المستخلصة من الكتلة الحية، وهو يستخرج من محاصيل الذرة أو السكر. وتجري التجارب باستمرار لإيجاد وسائل اقتصادية لاستخدام الكتلة الحية في توليد الكهرباء. وإحدى هذه الطرائق تكون بحجز غاز الميثان المنطلق من المواد النباتية الذابلة وكذلك من المخلفات الحيوانية ومن ثم استخدامه كوقود في الغلايات البخارية . هنالك أيضاً تجارب أخرى تهدف إلى استخدام الأخشاب في صناعة الكهرباء، فحيث تكون صناعة الورق يمكن استعمال الفضلات الخشبية لتوليد طاقة كهربائية تغذي هذه الصناعات نفسها.

وأخيراً تم التوصل إلى نتيجة مفادها أنه لو أضفنا إلى سعر إنتاج الكهرباء من المعامل الحرارية النسبة التي من شأنها التعويض من الضرر اللاحق بالبيئة من جراء بث الملوثات في الجو، لوجدنا أن سعر إنتاج الطاقة الكهربائية من هذه المعامل هو أكثر بـ ٠,٠٧ دولار لكل كيلو واط ساعي مقابلة بإنتاج الطاقة الكهربائية من طاقة الرياح.

الطاقة المتجددة تحديات وآفاق مستقبلية

ان اهم المزايا الاساسية للطاقات المتجددة يكمن في كونها مصادر للطاقة لاتنضب كما انها نظيفة وصديقة للبيئة فاذا كان ثمن تنظيف البيئة مرتفعا ومفروضا على الجهة المسببة للتلوث اكثر منه على المواطن هذه الجهات سوف تعيد حساباتها وتجد ان انتاج طاقة نظيفة هو اقل كلفة ، كما انها تخفض معدلات

استخدام الطاقة التقليدية وتحافظ عليها كاحتياطي ستراتيجي للاجيال القادمة، كذلك يمكن استغلالها في الاماكن النائية والبعيدة عن الشبكة الكهربائية الوطنية لتنميتها ورفع المستوى المعيشي لسكانها اضافة الى ان التكنولوجيات المستخدمة فيها غير معقدة ويمكن تصنيعها محليا.

ان تسريع وتيرة استخدام الطاقات المتجددة تستطيع خفض التكاليف والمساهمة في مكافحة ظاهرة الاحتباس الحراري فضلا عن ان من لا تتوفر لديهم الكهرباء يجبرون على قطع الاشجار لاستخدامها وقودا للتدفئة والطبخ الامر الذي يزيد من الاثار السلبية كانجراف التربة واندثار الحياة البرية وسيكون لتقنية توليد الهيدروجين تأثير عظيم في مجتمعنا الذي لديه الكثير من مصادر الطاقات المتجددة.

ويمكن تنشيط حركة البحث العلمي في مجال الطاقات المتجددة عن طريق الآتي :

١- الدعم المادي والمعنوي وجعل مركز بحوث الطاقة والبيئة الجهة التشريعية والاستشارية الوحيدة في مجال الطاقات المتجددة في البلد.
٢- الانفاق على البحث والتطوير بتخصيص ما لايقل عن ٢% من الدخل الوطني وتشجيع المؤسسات الاقتصادية على تخصيص ما لا يقل عن ١٠% من ارباحها لتمويل البحوث في المجالات التي تهمها.
٣- ضرورة تبني التمويل المركزي وتطبيق قانون احكام الخدمة الجامعية في المراكز البحثية عامة ومركز بحوث الطاقة والبيئة ، خاصة وتحسين رواتب الباحثين الى مستوى الاستاذ الجامعي لاستقطاب الكفاءات.
٤- السماح لمركز بحوث الطاقة والبيئة باستيراد المواد الاولية والاجهزة والمعدات اللازمة لتطوير المركز معفية من الضرائب.

٥- تشجيع المواطنين على استخدام منتجات الطاقات المتجددة في منازلهم وذلك عن طريق تشجيع المصارف على تقديم قروض طويلة الامد(٥سنوات) بفوائد قليلة لكل مواطن يرغب في اقتناء او استثمار انظمة الطاقات المتجددة غير المسببة للتلوث.

٦- وضع انظمة وقوانين تحدد نوعية البناء لتوفير الطاقة مثل العزل الحراري للسقوف والجدران واستخدام مظلات خارجية للشبابيك والزجاج المزدوج للنوافذ بهدف تنويع وتوسيع مصادر الطاقة وترشيد الاستهلاك.

٧- لابد ان يتم تقديم دراسة لتقييم الاثر البيئي قبل إنشاء اي مصنع او تنفيذ اي مشروع مكملة لدراسة الجدوى الاقتصادية.

٨- تنفيذ التجارب العملية في مختلف القطاعات كالابنية السكنية والمدارس والمنشآت الزراعية بغية تأمين كلي او جزئي لحاجاتها من الطاقة.

٩- وضع مواصفات قياسية للاجهزة الكهربائية المرشدة للطاقة ونشر المعلومات بين موردي ومستهلكي الطاقة.

١٠- المواءمة بين التنمية الاقتصادية والاجتماعية وحماية البيئة اي التنمية المستدامة المبنية على الاستغلال الامثل للمصادر الطبيعية.

١١- الحصول على منح وزمالات دراسية وبحثية وتدريبية من المؤسسات العلمية في العالم المتقدم لتطوير الملاك العلمي اللازم لبناء مستوى مقبول من النهضة العلمية والتكنولوجية في مجال الطاقات المتجددة.

١٢- تبني برنامج زيارات علمية لباحثين دوليين بهدف تكوين قنوات تبادل المعلومات مع العالم المتقدم في مجال الطاقات المتجددة وتشجيع المشاريع البحثية والتطبيقية المشتركة بين الباحثين في مختلف مراكز البحث العلمي المماثلة في العالم وتهيئة اسباب ووسائل القيام بذلك.

ايجاد برامج للتعاون العلمي والفني مع منظمات الامم المتحدة والاطلاع على تجارب العالم.

١٣- دعم وتشجيع الباحثين على المشاركة وحضورالندوات والمؤتمرات والحلقات الدراسية العلمية والمعارض المتخصصة بالطاقات المتجددة وخصوصا الخارجية منها وذلك بتهيئة وتسهيل اسباب ووسائل ومستلزمات المشاركة .

١٤- وضع البرامج الاعلامية الهادفة الى تعريف المواطن على اهمية الطاقات المتجددة وسبل الافادة منها على نحو علمي وموضوعي.

١٥- الحاق مركز بحوث الطاقة والبيئة بوزارة التعليم العالي والبحث العلمي للافادة من تأهيله وعدم بعثرة الجهود بمحاولة تأسيس مراكز شبيهة باختصاصه او إلحاقه بوزارة البيئة كون الطاقات المتجددة التي يعنى بها هي طاقات نظيفة وصديقة للبيئة.

الطاقة غير المتجددة

الطاقة غير المتجددة هي من مصادر الحصول على الطاقة حيث كما ذكر في الفصل السابق فإن المصدر الأول في الحصول على الطاقة هو الطاقة المتجددة التي تنبعث من المصادر الطبيعية التي وهبنا الله اياها، والطاقة غير المتجددة تشترك مع المتجددة انها أيضاً هبه من الله تعالى وتوجد في أماكن مثل باطن الأرض وتستخرج بطرق عدة وتكرر وتحول إلى أشكال متنوعة ليستفيد منها البشر، وتعتبر الطاقة غير المتجددة أكثر مصادر الطاقة إستخداماً لأسباب عدة منها:

١- كلفة إستخراجها مقارنة بالمتجددة.

٢- أكثر فعالية و قوة إذا ما قورنت أيضاً بالطاقة المتجددة.

٣- أكثر عملانية وسهولة في الإستخدام.
٤- أكثر إنتشاراً كونها تتميز بالتوافر (في الوقت الحاضر).
٥- لا تحتاج الى الدراسات العلمية والأبحاث الدقيقة التي تتطلبها مصادر الطاقة المتجددة.
٦- إعتماد الدول النامية التي تشكل غالبية الدول في القارات الخمس عليها في تسيير أمور حياتهم.

مصادر الحصول على الطاقة غير المتجددة

❖ النفط (البترول)

كلمة مشتقة من الأصل اللاتيني" بيترا" والذي يعني صخر و"أوليوم" والتي تعني زيت)، ويطلق عليه أيضا الزيت الخام، كما أن له اسم دارج "الذهب الأسود"، وهو عبارة عن سائل كثيف، قابل للاشتعال، بني غامق أو بني مخضر- يوجد في الطبقة العليا من القشرة الأرضية. وهو يتكون من خليط معقد من الهيدروكربورات، وخاصة من سلسلة الألكانات الثمينة كيميائيا، ولكنه يختلف في مظهره وتركيبه ونقاوته بشدة من مكان لأخر. وهو مصدر من مصادر الطاقة الأولية الهام للغاية إحصائيات الطاقة في العالم، ولكن العالم يحرقه ويستغله في تشغيل السيارات والتمتع برفاهية الحركة وفي إنتاج الطاقة الكهربائية التي يمكن أن تُوّلد بطرق أخرى توفر على البشرية حرق هذا الذهب الأسود القيم كيميائيا. النفط هو المادة الخام لعديد من المنتجات الكيماوية، بما فيها الأسمدة، مبيدات الحشرات، اللدائن وكثير من الأدوات البلاستيك والرقائق والأنابيب والأقمشة والنايلون والحرير الإصطناعي والجلود الاصطناعية والأدوية.

أصل النفط

نشأ النفط خلال العصور الجيولوجية القديمة في الغابات التي كانت متكاثرة في بعض أنحاء الأرض. والعضيات البحرية بلانكتون والنباتات المائية، ووقوع تلك المواد العضوية تحت طبقات من الأرض وزيادة الضغط وتحولت مع مرور ملايين السنين إلى نفط.

تاريخ النفط

تم حفر أول بئر للنفط في بوحجار في القرن الرابع الميلادي أو قبل ذلك. وكان يتم إحراق النفط لتبخير الماء المالح لإنتاج الملح. وبحلول القرن العاشر، تم استخدام أنابيب الخيزران لتوصيل الأنابيب لمنابع المياه المالحة.

في القرن الثامن الميلادي، كان يتم رصف الطرق الجديدة في بغداد باستخدام القار، الذي كان يتم إحضاره من ترشحات النفط في هذه المنطقة. في القرن التاسع الميلادي، بدأت حقول النفط في باكو، أذربيجان بإنتاج النفط بطريقة اقتصادية لأول مرة. وكان يتم حفر هذه الحقول للحصول على النفط، وتم وصف ذلك بمعرفة الجغرافي ماسودي في القرن العاشر الميلادي، وأيضا ماركو بولو في القرن الثالث عشر الميلادي، الذي وصف النفط الخارج من هذه الآبار بقوله أنها مثل حمولة مئات السفن. شاهد أيضا الحضارة الإسلامية.

ويبدأ التاريخ الحديث للنفط في عام ١٨٥٣ ، باكتشاف عملية تقطير النفط. فقد تم تقطير النفط والحصول منه على الكيروسين بمعرفة إجناسى لوكاسفيز، وهو عالم بولندي. وكان أول منجم نفط صخري يتم إنشائه في بوربكا، بالقرب من كروسنو في جنوب بولندا، وفي العام التالي تم بناء أول معمل تكرير (في الحقيقة •

تقطير) في يولازوفايز وكان أيضا عن طريق لوكاسفيز. وإنتشرت هذه الاكتشافات سريعا في العالم، وقام ميرزوف ببناء أول معمل تقطير في روسيا في حقل النفط الطبيعي في باكو في عا١٨٦١.

وبدأت صناعة النفط الأمريكية باكتشاف إيدوين دريك للزيت في عام ١٨٥٩، بالقرب من تيتوسفيل - بنسلفانيا .وكان نمو هذه الصناعة بطيء نوعا ما في القرن الثامن عشر الميلادي. وكانت محكومة بالمتطلبات المحدودة للكيروسين ومصابيح الزيت. وأصبحت مسألة اهتمام قومية في بداية القرن العشرين عند اختراع محركات الإحتراق الداخلية مما أدى إلى زيادة طلب الصناعة بصفة عامة على النفط. وقد أستنفذ الإستهلاك المستمر الاكتشافات الأولى في أمريكا في بنسلفانيا وأونتاريو مما أدى إلى "أزمة نفط " في تكساس وأوكلاهوما وكاليفورنيا.

وبالإضافة إلى ما تم ذكره، فإنه بحلول عام ١٩١٠ تم اكتشاف حقول نفط كبيرة في كندا، جزر الهند الشرقية، إيران وفينزويلا، المكسيك، وتم تطويرهم لاستغلالها صناعياً.

وبالرغم من ذلك حتى في عام ١٩٥٥ كان الفحم أشهر أنواع الوقود في العالم، وبدأ النفط أخذ مكانته بعد ذلك. وبعد أزمة طاقة ١٩٧٣ وأزمة طاقة ١٩٧٩ ركزت الحكومات على وسائل تغطية إمدادات الطاقة. فلجأت بلاد مثل ألمانيا وفرنسا إلى إنتاج الطاقة الكهربية بواسطة المفاعلات النووية حتي أن ٧٠ % من إنتاج الكهرباء في فرنسا أصبح من المفاعلات النووية. كما أدت أزمة الطاقة إلى إلقاء الضوء على أن النفط مادة محدودة ويمكن أن تنفذ، على الأقل كمصدر طاقة اقتصادي. وفي الوقت الحالي فإن أكثر التوقعات الشائعة مفزعة من ناحية محدودية الاحتياطي المخزون من النفط في العالم. ويظل مستقبل البترول كوقود محل جدل.

وأفادت الأخبار في الولايات المتحدة ي عام (٢٠٠٤) أنه يوجد ما يعادل استخدام ٤٠ سنة من النفط في باطن الأرض .وقد يجادل البعض لأن كمية النفط الموجودة محدودة. ويوجد جدل أخر بـأن التقنيـات الحديثـة ستسـتمر في إنتـاج الهيدروكربونات الرخيصة وأن الأرض تحتوي عـلى مقدر ضخم مـن النـفط غـير التقليدي مخزون عـلى هيئة نفط رملي وحقـول بيتـومين، زيـت طفلـي وهـذا سيسمح باستمرار استخدام النفط لفترة كبيرة من الزمن.

وحاليا فإنه تقريبا ٩٠% من إحتياجات السـيارات للوقـود يتم الوفاء بهـا عن طريق النفط. ويشكل النـفط تقريبا ٤٠% مـن الاستهلاك الكلي للطاقة في الولايات المتحدة، ولكنه يشكل تقريبا ٢% فقط في توليد الكهرباء .وقيمـة النـفط تكمن في إمكانية نقله، وكمية الطاقة الكبيرة الموجودة فيه، والتي تكون مصدر لمعظم المركبات، وكمادة أساسية في لعديد من الصناعات الكيمياوية، مما يجعله من أهـم السلع في العـالم. وكان الوصول للنـفط سـبباً في كثير مـن التشابكات العسكرية، بما فيها الحرب العالمية الثانية حرب العراق وإيران، وتقريبا ٨٠% مـن مخزون العالم للنفط يتواجد في الشرق الأوسط، وتقريبا ٦٢٫٥ % منه في الخمس دول :المملكة العربية السعودية، الإمارات العربية المتحدة، العراق، الكويت، إيران .بينما تمتلك أمريكا ٣% فقط.

تركيب النفط

أثناء عمليات التصفية، يتم فصل الكيماويات المكونة للـنفط عـن طريق التقطير التجزيئي، وهو عملية فصل تعتمد على نقط الغليان النسبية (أو قابليـة التطاير النسبية) للمواد المختلفة الناتجة عـن تقطير الـنفط. وتنتج المنتجات المختلفة

بترتيب نقطة غليانها بما فيها الغازت الخفيفة ،مثل :الميثان، الإيثان من طرق الكيمياء التحليلية، تستخدم غالبا في أقسام التحكم في الجودة في مصافي البترول.

ويتكون النفط من الهيدروكربونات، وهذه بدورها تتكون من مركبات عضوية تحتوي على الهيدروجين والكربون .وبعض الأجزاء غير الكربونية مثل النيتروجين والكبريت والأكسجين، وبعض الكميات الضئيلة من الفلزات مثل الفاناديوم أو النيكل، ومثل هذه العناصر لا تتعدى ١% من تركيب النفط.

وأخف أربعة ألكانات هم :ميثان$CH_٤$ ، إيثان$C_٢H_٦$ ، بروبان$C_٣H_٨$ ، بوتان $C_٤H_{١٠}$.وهم جميعا غازات. ونقطة غليانهم -١٦١,٦ C^o و-٨٨ C^o و-٤٢ C^o و-C^o٠,٥ ، بالترتيب (-٢٥٨,٩، -١٢٧,٥، -٤٣,٦، -F(٣١,١

منتجات السلاسل الكربونية $C_{٥-٧}$ كلها خفيفة، وتتطاير بسهولة، نافثا نقية. ويتم استخدامهم كمذيبات وسوائل التنظيف الجاف ومنتجات تستخدم في التجفيف السريع الأخرى. أما السلاسل الأكثر تعقيدا من $C_٦H_{١٤}$ إلى $C_{١٢}H_{٢٦}$ فهي تكون مختلطة بعضها البعض وتكون البنزين(الجازولين). ويتم صنع الكيروسين من السلاسل الكربونية $C_{١٠}$. إلى $C_{١٥}$. ثم وقود ديزل وزيت المواقد في المدى من $C_{١٠}$إلى $C_{٢٠}$. أما زيوت الوقود الأثقل من ذلك فهي تستخدم في محركات السفن . وجميع هذه المركبات النفطية سائلة في درجة حرارة الغرفة.

السلاسل الأعلى من $C_{٢٠}$. تكون صلبة، بداية من شمع البرافين، ثم بعد ذلك القطران، القار، الأسفلت، وتتواجد هذه المواد الثقيلة في قاع برج التقطير.

يعطي التسلسل التالي مكونات النفط الناتجة بحسب تسلسل درجة غليانها تحت تأثير الضغط الجوي في التقطير التجزيئي بالدرجة المئوية:

- إثير بترول C° ٧٠ - ٤٠ : يستخدم كمذيب
- بنزين خفيف: ٦٠ - ١٠٠ C° يستخدم كوقود للسيارات
- بنزين ثقيل: ١٠٠- ١٥٠ C° يستخدم كوقود للسيارات
- كيروسين خفيف: ١٢٠ - ١٥٠ C° يستخدم كمذيب ووقود للمنازل
- كيروسين C° ٣٠٠ - ١٥٠ :يستخدم كوقود للمحركات النفاثة
- ديزل C° ٣٥٠ - ٢٥٠ :يستخدم كوقود ديزل / وللتسخين
- زيت تشحيم C° ٣٠٠ < :يستخدم زيت محركات
- الأجزاء الغليظة الباقية :قار، أسفلت، شمع، وقود متبقي.

استخلاص النفط

بصفة عامة فإن المرحلة الأولى في استخلاص الزيت الخام هي حفر بئر ليصل لمستودعات البترول تحت الأرض، وتاريخياً، يوجد بعض أبار النفط في أمريكا وصل النفط فيها للسطح بطريقة طبيعية. ولكن معظم هذه الحقول نفذت، فيما عدا بعض الأماكن المحدودة في ألاسكا، وغالبا ما يتم حفر عديد من الآبار لنفس المستودع، للحصول على معدل استخراج اقتصادي. وفي بعض الآبار يتم ضخ الماء، البخار، أو مخلوط الغازات المختلفة للمستودع لإبقاء معدلات الاستخراج الاقتصادية مستمرة.

وعند زيادة الضغط تحت الأرض في مستودع الغاز بحيث يكون كافيا، عندها يبدأ النفط في الخروج إلى سطح تحت تأثير هذا الضغط. أما الوقود الغازي أو الغاز الطبيعي فغالبا ما يكون متواجدا تحت ضغطه الطبيعي تحت الأرض .في هذه الحالة يكون الضغط كافيا لوضع عدد من الصمامات على رأس البئر لتوصيل البئر بشبكة الأنابيب للتخزين، وعمليات التشغيل. ويسمى هذا استخلاص النفط المبدئي. وتقريبا ٢٠% فقط من النفط في المستودع يمكن استخراجه بهذه الطريقة.

وخلال فترة حياة البئر يقل الضغط، وعندما يقل الضغط إلى حدود معينة لا يكون كافيا لدفع النفط للسطح. عندئذ يتم استخراج الجزء المتبقي في البئر بطرق استخراج النفط الإضافية. ويتم استخدام تقنيات مختلفة في طريقة استخراج النفط الإضافية، لاستخراج النفط من المستودعات التي نفذ ضغطها أو قل. يستخدم أحيانا الضخ بالطلمبات مثل الطلمبات المستمرة، وطلمبة الأعماق الكهربية (electrical submersible pumps ESPs) لرفع الزيت إلى السطح.

وتستخدم تقنية مساعدة لزيادة ضغط المستودع عن طريق حقن الماء أو إعادة حقن الغاز الطبيعي، وهناك من يقوم بحقن الهواء وثاني أكسيد الكربون أو غازات أخرى للمستودع. وتعمل الطريقتان معا المبدئية والإضافية على استخراج ما يقرب من ٢٥ إلى ٣٥% من المستودع.

المرحلة الثانية في استخراج النفط تعتمد على تقليل كثافة النفط لتعمل على زيادة الإنتاج. وتبدأ هذه المرحلة عندما لا تستطيع كل من الطريقة المبدئة، والطريقة الإضافية على استخراج النفط، ولكن بعد التأكد من جدوى استخدام هذه الطريقة اقتصادياً، وما إذا كان النفط الناتج سيغطي تكاليف الإنتاج والأرباح المتوقعة من البئر. كما يعتمد أيضا على أسعار النفط وقتها، حيث يتم إعادة تشغيل الآبار التي قد تكون توقفت عن العمل في حالة ارتفاع أسعار النفط. طرق استخراج النفط المحسن حرارياً (Thermally-enhanced oil recovery methods TEOR)هي الطريقة الثالثة في ترتيب استخراج النفط، والتي تعتمد على تسخين النفط وجعله أسهل للاستخراج ، حقن البخار هي أكثر التقنيات استخداماً في هذه الطريقة، وغالبا مع تتم (TEOR) عن طريق التوليد المزدوج .وفكرة عمل التوليد المزدوج هي استخدام تربينة (توربينة) غاز لإنتاج الكهرباء واستخدام الحرارة

المفقودة الناتجة عنها لإنتاج البخار، الـذي يـتم حقنـه للمستودع. وهـذه الطريقة تستخدم بكثرة لزيادة إنتاج النفط في وادى سانت واكين، الـذي يحتـوى على نفط كثافته عالية، والذي يمثل تقريبا ١٠٪ من إنتاج الولايـات المتحدة . وهناك تقنية أخرى تستخدم في طريقة(TEOR) ، وهي الحرق في-الموضع، وفيها يتم إحراق النفط لتسخين النـفط المحيـط بـه. وأحيانا يتم اسـتخدام المنظفـات لتقليل كثافة النفط. ويتم استخراج ما يقرب من ٥ إلى ١٥٪ من النـفط في هـذه المرحلة.

طرق أخرى لإنتاج النفط

نظرا للزيادة المستمرة في أسعار النفط، أصبحت طرق أخرى لإنتاج النفط محل اهتمام. وأصلح هذه الأفكار هو تحويل الفحم إلى نفط والتي تهدف إلى تحويل الفحم إلى زيت خام. وكان هذا التصور الريادي من الألمان عندما توقف استيراد النفط في الحرب العالمية الثانية ووجدت ألمانيا طريقة لاستخلاص النـفط من الفحم. وكانت تعرف "إرزاتز" ("الاستبدال "باللغة الألمانية)، ويقدر أن نصـف النـفط المسـتخدم في ألمانيـا أثنـاء الحـرب العالميـة الثانيـة كـان بهـذه الطريقـة. وتوقفت هذه الطريقة بعـد ذلك نظرا لأن تكـاليف إنتاج النـفط الطبيعـي أو استيراده أقل منها بكثير. ولكن بـالنظر إلى ارتفـاع أسـعار النـفط المسـتمر، فـإن تحويل الفحم إلى نفط قد يكون محل تفكير.

وتتضمن الطريقة تحويل رماد الفحم إلى نفط في عملية متعددة المراحـل. ونظرياً فإن طنا من الفحم ينتج تقريبا ٢٠٠ لتر من النفط الخام، بمنتجات تتراوح من القار إلى الكيماويات الخفيفة النادرة.

تصنيف النفط

تصنف الصناعات النفطية خام النفط طبقا لمكان المنشأ (مثلا وسيط غرب تكساس، أو برنت) وغالباً عن طريق وزنه النوعي أو عن طريق كثافته(خفيف- متوسط، ثقيل)، كما أن من يقومون بعمليات التكرير يطلقوا عليه "حلو أو مسكر" عند وجود كميات قليلة من الكبريت فيه، أو "مر" مما يعني وجود كميات كبيرة من الكبريت، ويتطلب مزيد من التقطير للحصول على المواصفات القياسية للإنتاج.

الوحدات العالمية للبرميل هي:

- مزيج برنت يحتوى على ١٥ نوع من الزيت من حقول برنت ونظام نينيان بحوض شيتلاند الشرقي، وبصفة عامة فإن إنتاج النفط من أوروبا، أفريقيا، الشرق الأوسط يتجاوز الحدود الغربية التي تسعى لتحديد أسعار النفط، مما يؤدى إلى تصنيفها طبقا لعلامة استرشادية..
- وسيط غرب تكساس "دبليو تي أي" (West Texas Intermediate) " لزيت شمال أمريكا.
- تستخدم دبي كعلامة استرشادية لمنطقة أسيا-الباسيفيك لزيت الشرق الأوسط.
- تابيس من ماليزيا، يستخدم كمرجع للنفط الخفيف في منطقة الشرق الأقصى.
- ميناس من أندونيسيا، يستخدم كمرجع للنفط الثقيل في منطقة الشرق الأقصى.

وتتكون سلة الأوبك من:

- النفط الخفيف المملكة العربية السعودية

- بونى نفط خفيف نيجيريا
- فاتح دبي
- اسمس المكسيك (لا يتبع أوبك)
- ميناس إندونيسيا
- مزيج شهران الجزائر
- تيا جوانا لايت فينزويلا

وتحاول الأوبك إبقاء سعر سلة الأوبك بين الحدود العليا والدنيا، بزيادة أو تقليل الإنتاج. وهذا يجعل من تحليلات السوق عامل في غاية الأهمية. وتشمل سلة الأوبك مزيج من نفط الخام الثقيل والخفيف، وهي أثقل من برنت، دبليو تي أي.

تقييم أسعار النفط

المرجع في سعر النفط غالبا ما يرجع إلى السعر الوقتي لإما سعر (دبليو. تي. أي- الخام الخفيف) في بورصة نيويورك New York Mercantile Exchange لتسليمات كوشينج أوكلاهوما، أو سعر البرنت في بورصة البترول العالمية International Petroleum Exchange IPE لتسليمات سولوم فو، سعر برميل النفط يعتمد بشدة على درجته (والتي تحدد بعوامل مثل الثقل النوعي أوAPI ، ومحتواه من الكبريت وموقعه، الأغلبية العظمى من النفط لا يتم الاتجار بها في البورصة ولكن عن طريق التعامل المباشر بين السماسرة ، وغالبا ما يتم هذا قياسا على نقطة مرجعية للنفط الخام تم تقييمها عن طريق وكالة التسعير بلاتس، فمثلا يوجد في أوروبا درجة معينة من النفط، ولتكن فولمار، يمكن أن تباع بسعر "برنت + ٠٫٢٥ دولار للبرميل). وتزعم (IPE) أن ٦٥% من التعاملات في سوق النفط تتم بدون الرجوع لتقييمها لخام البرنت، كما أن هناك تقيمات أخرى مهمة

منها دبي، تابيس، وسلة الأوبك. وتستخدم إدارة معلومات الطاقة بالولايات المتحدة السعر المتوسط لكل أنواع النفط الوارد إلى الولايات المتحدة "كسعر النفط العالمي".

وهناك زعم بأن الأوبك تقوم بتسعير النفط والسعر الحقيقي للبرميل تقريبا حول ٢,٠ دولار أمريكي، وهو ما يعادل قيمة استخراجه في الشرق الأوسط، وهذه التقديرات لسعر البرميل تتجاهل سعر التنقيب وسعر تطوير مستودعات النفط. علاوة على ذلك تكلفة الإنتاج أيضا عامل يجب أن يؤخذ في الاعتبار، ليس على أساس إنتاج أرخص برميل ولكن بناءاً على تكلفة إنتاج البرميل المختلط. وتقليل إنتاج الأوبك إدى لتطور الإنتاج في مناطق الإنتاج ذات التكلفة الأعلى مثل بحر الشمال، وذلك قبل استنفاذ المخزون الموجود بالشرق الأوسط، ومما لاشك فيه أن للأوبك قوة بالغة. فبالنظر بصفة عامة فإن الاستثمارات في هذا المجال مكلفة للغاية وبئية تقليل الإنتاج في أوئل التسعينات من القرن العشرين أدت إلى تقليل الاستثمارات التي يتم ضخها لمجال إنتاج النفط، وذلك بدوره أدى إلى سباق ارتفاع الأسعار في الفترة ما بين٢٠٠٥-٢٠٠٣ ، ولم تستطيع الأوبك بسعة إنتاجها الكلية الحفاظ على ثبات الأسعار.

تعتمد الطلبات على النفط بشدة على الظروف الاقتصادية في العالم، وهذا أيضا عامل أساسي في تحديد أسعار النفط .بعض رجال الاقتصاد أرجعوا قلة معدل النمو العالمي إلى زيادة أسعار النفط، وهذا يعني أن العلاقة بين سعر النفط والنمو العالمي ليست ثابتة بطريقة محددة، بالرغم من أن ارتفاع سعر النفط غالباً ما يعرف على أنه كظاهرة متأخرة تحدث في أخر الدورة.

تم الوصول إلى نقطة أسعار منخفضة في يناير عام١٩٩٩ ، بعد زيادة الإنتاج في العراق مقترنا مع الأزمة الاقتصادية التي حدثت في أسيا مما أدى

لإنخفاض الطلب على النفط. ثم زادت الأسعار بعد ذلك بطريقة كبيرة، حتى أنها تضاعفت بحلول سبتمبر عام ٢٠٠٠ ، ثم بدأت في الهبوط بحلول أواخر عام ٢٠٠١ ، ثم زيادة بمعدل ثابت حتى وصل سعر البرميل من ٤٠ دولار أمريكي إلى ٥٠ دولار أمريكي بحلول سبتمبر عام ٢٠٠٤ وفي أكتوبر عام ٢٠٠٤، تعدى سعر تسليمات الخام الخفيف في نوفمبر تقديرات بورصة نيويورك ووصل إلى ٥٣ دولار أمريكي للبرميل، ولتسليمات ديسمبر وصل ٥٥ دولار أمريكي، ثم بدأ سباق الأسعار لزيادة الطلب على البنزين والديزل والقلق الموجود وقتها من عدم مقدرة المصافي على العمل بصورة منتظمة. وظل هذا الإتجاه مستمرا حتى أوائل أغسطس عام٢٠٠٥ ، حيث تتوقع بورصة نيويورك أن مستقبل أسعار النفط الخام سيتعدى ٦٥ دولار أمريكي، في حالة بقاء الطلب على البنزين بغض النظر عن السعر.

تقوم بورصة نيويورك بالاتجار في النفط الخام (متضمنة العقود المستقبلية) وهي الأساس في تقييم أسعار النفط الخام في الولايات المتحدة خلال بورصة غرب تكساس الوسيطة (West Texas Intermediate WTI) وهناك بعض البورصات أيضا تتعامل في عقود النفط المستقبلية، مثال بورصة البترول الدولية (International Petroleum Exchange IPE) في لندن، ويتم التعامل على خام البرنت.

أكثر الدول إنتاجا للنفط

أكثر البلاد إنتاجا للنفط	الإنتاج، ألف برميل / يوم	التصدير، ألف برميل / يوم
المملكة العربية السعودية	١٠،٢٤٨	٨،٠٣٨

روسيا	٩،٨٧٤	٧،٠٥٤
الولايات المتحدة	٨،٤٥٧	-
إيران	٤،٠٣٤	٢،٣٢٦
الصين	٣،٩١٢	-
المكسيك	٣،٥٠٠	١،٣٨١
كندا	٣،٤٢٢	١،٠٥٥
الإمارات العربية المتحدة	٢،٩٤٨	٢،٥٠٧
فنزويلا	٢،٦٧٠	١،٩٦٠
الكويت	٢،٦١٦	٢،٢٩١
النرويج	٢،٥٦٥	٢،٣٤٠
نيجيريا	٢،٣٥٣	٢،٠٨٢
البرازيل	٢،٢٧٧	-
الجزائر	٢،١٧٤	١،٩٠٧
العراق	٢،٠٩٧	١،٥٠١
أنغولا	-	١،٧١١
ليبيا	-	١،٥٨٤

كازاخستان	-	١،٢١٣

الترتيب على حسب كمية الإنتاج والتصدير إحصائية(٢٠٠٧)

احتياطيات النفط

الدولة	الإحتياطي/مليار برميل
المملكة العربية السعودية	٢٦٢,٣
كندا	١٧٩,٢
إيران	١٣٦,٣
العراق	١١٥
الكويت	١٠١,٥
الإمارات العربية المتحدة	٩٧,٨
فنزويلا	٨٠
روسيا	٦٠
ليبيا	٤١,٣
نيجيريا	٣٦,٢

كازاخستان	٣٠
الولايات المتحدة	٢١
الصين	١٦
قطر	١٥,٢
المكسيك	١٢,٤
الجزائر	١٢,٣
البرازيل	١١,٨

الترتيب على حسب إحتياطي النفط المؤكد إحصائية عام ٢٠٠٧

أزمات النفط العالمية

أزمة عام ١٩٧٣

بـدأت في ١٥ أكتـوبر١٩٧٣ ، عنـدما قـام أعضـاء منظمـة الـدول العربيـة المصدرة للبترول بإعلان حظر نفطي " لدفع الدول الغربيـة لإجبـار إسرائيـل عـلى الإنسـحاب مـن الأراضي العربيـة المحتلـة في حـرب ١٩٦٧"، أوبـك أعلنـت أنهـا ستوقف إمدادات النفط إلى الولايات المتحدة والبلدان الأخرى التي تؤيد إسرائيل في صراعها مع سوريا ومصر والعراق.

وفي الوقت نفسه، اتفق أعضاء أوبك على استخدام نفوذهم على ألية ضبط أسعار النفط في أنحاء العالم من اجل رفع اسعار النفط، بعد فشل المفاوضات مع شركات النفط العظمى التي أطلق عليها " الأخوات السبع " في وقت سابق من ذات الشهر.

وبما أن معظم الاقتصاديات الصناعية تعتمد على النفط الخام فقد كانت أوبك موردها الأساسي للنفط. وبسبب التضخم المثير خلال هذه الفترة، فقد كانت النظرية الاقتصادية الرائجة تلقي باللوم على زيادات الأسعار هذه، باعتبارها كبتت النشاط الاقتصادي، ومع ذلك، فإن العلاقة السببية التي ذكرتها هذه النظرية غالبا ما تكون موضع تساؤل، وقد استجابت البلدان المستهدفة بمبادرات واسعة، ومعظمها دائمة، لاحتواء اعتمادهم المستقبلي على الغير، أزمة النفط ١٩٧٣، جنبًا إلى جنب مع انهيار سوق الأوراق المالية (١٩٧٣-١٩٧٤) قد اعتبرت أول حدث منذ الكساد الكبير الذي حدث في الثلاثينات، ذو آثار اقتصادية مستمرة.

الأثر الاقتصادي الفوري للحظر

أثر الحظر بشكل فورى على مدفوعات الشركات في أوبك، وتضاعفت أسعار النفط أربع مرات بحلول عام ١٩٧٤ إلى نحو ١٢ دولارا للبرميل الواحد (٧٥ دولار أمريكي / متر مكعب).

وهذه الزيادة في أسعار النفط كان له آثار كبيرة على الدول المصدرة للنفط، بلدان الشرق الأوسط التي طالما هيمنت عليها القوى الصناعية، أصبحت تسيطر على سلعة حيوية هامة جدا، وشكل تدفق رأس المال لها مصدرا هاما لتكوين ثروات واسعة.

الدول الأعضاء في أوبك ضمن العالم النامي قاموا بتاميم شركات البترول في بلدانهم، وأبرزها، قامت المملكة العربية السعودية بالسيطرة على تشغيل شركة أرامكو، وغيرها من الدول الأعضاء في أوبك وحذت حذوها.

وفي الوقت نفسه، أنتجت الفوضى صدمة في الغرب، في الولايات المتحدة، أصبح سعر التجزئة للجالون من البنزين ارتفع من متوسط ٣٨,٥ سنتا في مايو ١٩٧٣إلى ٥٥,١ سنتا في يونيو١٩٧٤ ، وفى الوقت نفسه بورصة نيويورك للأوراق المالية فقدت ٩٧ مليار دولار في قيمة أسهمها في ستة أسابيع.

الدول التي وقعت تحت الحظر

الحصار لم يكن موحدا في جميع أنحاء أوروبا، بينما تعرضت هولندا وتسع دول أخرى لحظر كامل بسبب دعمها لإسرائيل، فإن المملكة المتحدة وفرنسا استمر إمدادهم تقريبا دون انقطاع، (بعد أن رفضت السماح لأمريكا باستخدام المطارات وحظر الأسلحة والإمدادات إلى كل من العرب والإسرائيليين)، بينما تعرضت ستة دول أخرى لتخفيضات جزئية فقط.

المملكة المتحدة حليف تقليدي لإسرائيل، حكومة هارولد ويلسون كانت تؤيد الإسرائيليين خلال حرب الأيام الستة، ولكن خليفته، تيد هيث، عكس هذه السياسة في عام١٩٧٠ ، ودعا إسرائيل إلى الانسحاب إلى حدود ما قبل ١٩٦٧، أعضاء الجماعة الاقتصادية الأوروبية لم يتمكنوا من التوصل إلى سياسة مشتركة خلال الشهر الأول من حرب أكتوبر، وأخيرا أصدرت الجماعة بيانا في ٦ تشرين الثاني، بعد بدأ الحظر وارتفاع الأسعار، اعتبر على نطاق واسع لصالح الدول العربية، هذا

البيان يؤيد الموقف الفرنسي البريطاني في موقفهم من الحـرب، أوبـك عـلى النحو ألتزمت برفع الحصار من جميع أعضاء الجماعة الاقتصادية الأوروبية.

ارتفاع الأسعار كـان أكبر بكثير في أوروبـا مـن تـأثير الحظـر، ولا سـيما في المملكة المتحدة حيث أن الحظر ساهم مع اضراب لعمال المنـاجم يسبب أزمـة الطاقة خلال فصل الشتاء ١٩٧٣-١٩٧٤ عاملا رئيسيا في تغيير الحكومة.

وبعد بضعة أشهر تراجعت حدة الأزمة، ورفع الحظر في مارس ١٩٧٤ بعد مفاوضات في مؤتمر قمة النفط بواشنطن، ولكن الآثـار المترتبـة عـلى أزمـة الطاقـة بقيت طوال فترة السبعينيات، أسعار الطاقـة واصـلت الزيادة في السـنة التاليـة، وسط ضعف الموقف التنافسي للدولار في الأسواق العالمية.

البحث عن بدائل

أدت أزمة الطاقة إلى زيادة الاهتمام بمجال الطاقة المتجددة، وحفز البحث في الطاقة الشمسية وطاقة الرياح، كما أدت إلى زيادة الضغط لاستغلال أمريكـا الشمالية مـن مصادر الطاقة النفطيـة، وزاد الغرب مـن الاعتماد عـلى الفحـم والطاقة النووية، وشمل هذا التأثير الاهتمام المتزايد بالنقل الجماعي.

في أستراليا وقود التدفئة توقف، وتم اعادة النظر في مناسبة وقود التدفئـة في فصل الشتاء.

مجموعة من الدول الصناعية كانت من مصدري الطاقة، فاختلفت آثار أزمة النفط بشكل جذري، فكندا الشرقية الصناعية كانت تعاني من ذات المشاكل التي تعانيها الولايات المتحدة، بينما المقاطعـات الغنيـة بـالنفط ازدهـرت بتـدفق سيل الأموال

إليها، عموما الحظر النفطي كان ذا تأثير سلبي حاد على الاقتصاد الكندي، التراجع الاقتصادي في الولايات المتحدة عبر الحدود بسهولة وتسبب في زيادة البطالة، والكساد ضرب كندا مثلما فعل بالولايات المتحدة على الرغم من احتياطيات الوقود.

الاتحاد السوفياتي كان أيضا مصدرا للنفط، والاقتصاد السوفياتي كان يعاني من الركود لعدة سنوات، وزيادة أسعار النفط كان لها تأثير مفيد، فالزيادة في الاحتياطي من النقد الأجنبي سمح باستيراد الحبوب وغيرها من المواد الغذائية من الخارج، وزيادة إنتاج السلع الاستهلاكية وإبقاء الانفاق العسكري في المستويات التقليدية، ويعتقد البعض ان الزيادة المفاجئة في إيرادات النفط خلال هذه الفترة مكنت الاتحاد السوفياتي من البقاء لفترة زمنية أطول من التوقعات.

الحكومة البرازيلية نفذت مشروع كبير جدا يسمى (بروألكول -الكحول الموالي) الذي من شأنه يقوم بصناعة مزيج من الإيثانول ليستخدم كوقود للسيارات، هذا المشروع الذي يركز على إنتاج الايثانول من قصب السكر، لا يزال مستمرا وخفض احتياجات البلاد من استيراد النفط، وكذلك انخفض سعر البنزين.

الآثار على العلاقات الدولية

الحظر النفطي أعلن تقريبا بعد شهر واحد فقط من الانقلاب العسكري للجناح اليميني في شيلي بقيادة الجنرال أوغستو بينوشيه في شيلي عام ١٩٧٣ الانقلاب أطاح بالرئيس الاشتراكي سلفادور الليندي في ١١ سبتمبر١٩٧٣ ، الولايات المتحدة لم تفعل الكثير لمساعدة هذه الحكومة للحد من أنشطة الإشتراكيين المسلحين في المنطقة.

وبالإضافة إلى ذلك، أوروبـا الغربيـة واليابـان وبـدأ التحولهمـا مـن تأييـد إسرائيل لتأييـد أكثر للسياسات العربيـة (وبعضها لا يـزال سـاري المفعـول حتى اليوم) هذا التغيير زاد من التوتر في منظومة التحالف الغربي، بالنسبة للولايات المتحدة، التي تستورد ١٢ ٪ فقط من احتياجاتها من النفط من الشرق الأوسط مقارنة مـع ٨٠ ٪ بالنسبة للاوروبيين وأكثر مـن ٩٠ ٪ بالنسبة لليابـان، لا تـزال ملتزمة بقوة بدعم إسرائيل.

بعد مرور عام على رفع الحظر النفطي عام ١٩٧٣، كتلة دول عدم الانحياز في الأمم المتحدة قدمت قرارا يطالب بإنشاء "النظام الاقتصادي الدولي الجديد" الذي ينظم ويتحدث عن الموارد، والتجارة، والأسواق ووجود توزيـع أكـثر إنصافا، للسكان المحليين وتنمية دول الجنوب ودعمها من قبل دول الشمال التي تستغل ثرواتها وإمكانياتها.

كشفت وثائق بريطانية عن أن الولايات المتحدة فكرت في استخدام القوة للاستيلاء على حقول النفط في الشرق الأوسط أثنـاء حـرب أكتوبر ١٩٧٣ عنـدما حظرت الدول العربية صادرات النفط.

أزمة ١٩٧٩

أزمة النفط الثانية في الولايات المتحدة وقعت في أعقاب الثورة الإيرانيـة، وسط احتجاجات ضخمة ، فـ شاه إيران محمـد رضا بهلـوي خـرج مـن البلاد في أوائل عـام ١٩٧٩ ، وبهـذا سـمح لآيـة اللـه الخمينـي بالسيطرة عـلى إيران، الاحتجاجات أدت لتحطيم قطاع النفط الإيراني، في حين اسـتأنف النظام الجديد صادرات النفط ، لكنها كانت بحجـم أقـل ، مـما دفع الأسعار للزيادة، المملكة العربية السعودية ودول

أخرى في أوبك قاموا زيادة الإنتاج لتعويض انخفاض ، وعموما خسارة في الإنتاج وكان نحو ٤ في المئة. ومع ذلك أصاب ذعر واسع النطاق أسفر عن دفع سعر أعلى بكثير من المتوقع أن يكون في ظل الظروف العادية.

وفي عام ١٩٨٠ ، في أعقاب الغزو العراقي للإيران ، توقف إنتاج النفط في إيران تقريبا ، وإنتاج العراق من النفط انخفض بشدة أيضا.

بعد عام ١٩٨٠، اتجهت أسعار النفط لمدة ست سنوات إلى التراجع، الذي بلغ ذروته بانخفاض ٤٦% من سعره في ١٩٨٦، ويعزى ذلك إلى انخفاض الطلب والإفراط في الإنتاج.

الوضع في إيران

في نوفمبر ١٩٧٨ ، إضراب ما يقارب ٣٧٠٠٠ عامل إيراني في مصافي النفط، أدى ذلك في البداية إلى انخفاض في الإنتاج في الفترة من ٦ مليون برميل (٩٥٠٠٠٠ م³) يوميا ليصل إلى نحو ١٫٥ مليون برميل (٢٤٠٠٠٠ م³). العمال الأجانب (بما في ذلك عمال النفط) فروا من البلاد، وفي ١٦ يناير ١٩٧٩ ، شاه إيران محمد رضا بهلوي وزوجته غادرا إيران بناء على طلب من رئيس الوزراء شابور بختيار، الذي سعى إلى تهدئة الوضع.

التأثير على أعضاء أوبك

ارتفاع أسعار النفط عاد بالفائدة على أعضاء أوبك عدا إيران، مما جعل أرباحهم قياسية.

التأثير على الولايات المتحدة

ريتشارد نيكسون كان قد فرض الرقابة على الأسعار المحلية للنفط ، التي ساعدت في القضية التي أدت إلى نقص البنزين خلال خطوط أزمة نفط ١٩٧٣، ألغيت الضوابط على البنزين ، ولكن الضوابط الداخلية على النفط في الولايات المتحدة استمرت ، بدأت إدارة جيمي كارتر مراحل تحرير أسعار النفط ٥ أبريل ١٩٧٩ ، عندما كان متوسط سعر النفط الخام ١٥,٨٥ دولار ، خلال ١٢ شهرا سعر النفط الخام ارتفع إلى ٣٩,٥٠ دولار ، إزالة الضوابط المقيدة لأسعار النفط المحلية سمحت لإنتاج النفط في الولايات المتحدة بالارتفاع الحاد، في حين أن واردات النفط انخفضت بشكل حادا، ومع ذلك استمرت طوابير طويلة عند محطات البنزين بسبب تأثيرات أزمة النفط السابقة.

التأثيرات البيئية للنفط

للنفط تأثير ملحوظ على الناحية البيئية والإجتماعية، وذلك من الحوادث والنشاطات الروتينية التي تصاحب إنتاجه وتشغيله، مثل الإنفجارات الزلزالية أثناء إنتاجه والحفر، تولد النفايات الملوثة. كما أن استخراج البترول عملية مكلفة وأحيانا ضارة بالبيئة، بالرغم من أن (جون هنت من وودز هول) أشار في عام ١٩٨١ إلى أن أكثر من ٧٠% من الإحتياطي العالمي لا يستلزم الإضرار بالبيئة لاستخراجه، وعديد من حقول النفط تم العثور عليها نتيجة للتسريب الطبيعي، في نفس الوقت يزعج استخراج النفط بالقرب من الشواطيء الكائنات البحرية الحية ويؤثر على بيئتها. كما أن استخراج النفط قد يتضمن الكسح، الذي يحرك قاع البحر، مما يقتل النباتات البحرية التي تحتاجها الكائنات البحرية للحياة. كذلك نفايات الزيت الخام والوقود المقطر التي تنتشر ـ من حوادث ناقلات البترول تؤثر بطريقة كارثية على

بيئة الكائنات الحية المهددة بالموت والفناء في ألاسكا، وجزر جالاباجوس وأسبانيا، وعديد من الأماكن الأخرى.

ومثل أنواع الوقود الحفري الأخرى، يتسبب حرق النفط في انبعاث ثاني أكسيد الكربون في الغلاف الجوي، وهو ما يساهم في ظاهرة الإنحباس الحراري. وبوحدات الطاقة فإن النفط ينتج كميات CO_2 أقل من الفحم، ولكن أكثر من الغاز الطبيعي. ونظرا للدور الرئيسي للنفط والبنزين في النقل الشخصي والعام، فإن تخفيض إنبعاثات CO_2 تعتبر من المسائل الشائكة في استخدامه. وتجرى مصانع السيارات بحوثا لتحسين كفاءة محركات السيارات، كما هناك أفكار لاحتجاز ذلك الغاز الناتج من المحطات الكهربائية وضخها تحت الأرض.

مستقبل النفط في العالم.... قمة هوبرت

نظرية قمة هوبرت، تعرف أيضا باسم قمة نفط، وهي محل خلاف فيما يخص الإنتاج والاستهلاك طويل المدى للنفط وأنواع الوقود الحفرية الأخرى. وتفترض أن مخزون النفط غير متجدد، وتتوقع ان إنتاج النفط المستقبلي في العالم يجب حتما أن يصل إلى قمة ثم ينحدربعدها نظرا لاستمرار استنفاذ مخزون النفط، وهناك كثير من الجدل حول ما إذا كان الإنتاج أو بيانات الاكتشاف السابقة يمكن أن تستخدم في توقع القمة المستقبلية.

ويمكن اعتبار الموضوع ذو قيمة عند النظر لمناطق مفردة أو بالنظر للعالم ككل. فقد لاحظ إم. كينج هوبرت أن الاكتشافات في الولايات المتحدة وصلت لقمة في الثلاثينيات من القرن العشرين، وعلى هذا فقد توقع وصول الإنتاج إلى قمته في السبعينيات من القرن العشري. وإتضح أن توقعاته صحيحة، وبعد وصول الولايات

المتحدة لقمة الإنتاج في عام - ١٩٧١ بدأت في فقدان السعة الإنتاجية - وقد استطاعت الأوبك وقتها الحفاظ على أسعار النفط مما أدى لأزمة النفط عام ١٩٧٣ومنذ هذا الوقت وصلت مناطق عديدة لقممها الإنتاجية، فمثلا بحر الشمال في التسعينيات من القرن العشرين .وقد اكدت الصين أن ٢ من أكبر مناطق الإنتاج لديها بدأت في الانحدار، كما أعلنت الشركية القومية لإنتاج النفط بالمكسيك أن حقل كانتاريل يتوقع أن يصل لقمة إنتاجه عام ٢٠٠٦، ثم يكون معدل انحداره ١٤% سنويا.

ولأسباب عديدة (يمكن أن يكون عدم الشفافية في الإبلاغ عن المخزون الحقيقي في العالم) من الصعب توقع قمة النفط في أي منطقة بالعالم. بناءا على بيانات الإنتاج المتاحة، وقد توقع المناصرين لهذه النظرية سابقا بتوقع قمة العالم ككل لتحدث في الفترة ما بين ١٩٩٥-١٩٨٩ أو٢٠٠٠-١٩٩٥ وعموما فإن هذه المعلومات المتوقعة كانت قبل الارتداد في الإنتاج الذي حدث في بداية الثمانينيات من القرن العشرين وما تبعه من تقليل الاستهلاك العالمي، وهو التأثير الذي يمكن أن يكون السبب في تأخر قمة النفط النى كانت متوقعة.

النفط سنة ٢٠٥٠

وتيرة الاستهلاك الحالي والتي تقدر بـ ٣,٥ مليار طن سنويا تعمل على نضوب معظم الآبار النفطية في العالم ما عدا الدول العربية حيث من المتوقع أن تنتج البترول كما في حالة الكويت حتي عام ٢١٠٠. ولكن ممن الواضح أيضا أن نضوب النفظ في بلاد كثيرة مثل الولايات المتحدة واسكتلندا والنرويج خلال الثلاثين سنة القادمة ستزيد صراع الدول الصناعية على استفرادها ببترول الشرق الأوسط، وسيعمل هذا الصراع على ارتفاع اسعار البترول مما يعود على المنتجين

بالخير إلا أن الصراع قد يؤدي في نفس الوقت إلى القلقلة السياسية والاجتماعية في تلك البلدان بسبب التدخل الاجنبي.

إنها حقاً لخسارة كبيرة للناس أن يستهلك الإنسان ما تولد في الأرض عبر مئات ملايين السنين عن طريق حرق ذلك الناتج القيم. فالبترول في المقام الأول مادة كيميائية مفيدة قابلة للتحويل إلى مواد أخرى قيمة ونافعة مثل الأسمدة وصناعة الدواء والبلاستيك ومقاومة الحشرات والأوبئة والأقمشة والحرير والجلود الصناعية. ولا يمكن للمصانع الكيميائية تعويضه بتلك الغزارة فهو المادة الأولية لتلك الصناعات، ولكننا نحن البشر سنجهز عن طريق الحرق على هذه الثروة (الكيميائية) القيمة المخزونة تحت الأرض خلال فترة أقل من قرنين اثنين من تاريخ العالم.

❖ الفحم الحجري

صخر أسود أو بني اللون قابل للاشتعال والاحتراق، وعند احتراق الفحم الحجري فإنه يعطي طاقة على شكل حرارة، ويمكن استعمال الحرارة الصادرة عن احتراق الفحم الحجري في تدفئة المنازل، وكوقود للقاطرات في بداية عهد اختراع الآلة البخارية. والاستخدام الأساسي اليوم لهذه الطاقة هو في إنتاج الكهرباء. وتعطي محطات إنتاج الكهرباء باحتراق الفحم الحجري ثلثي الكهرباء المستهلكة في العالم. ويستعمل الفحم الحجري كذلك في إنتاج فحم الكوك وهو مادة خام أساسية في صناعة الحديد والفولاذ، وتنتج مواد أخرى عن عملية إنتاج فحم الكوك، يمكن استعمالها في صناعة الأدوية والأصباغ والأسمدة.

وكان الفحم الحجري في فترة ماضية المصدر الرئيسي للطاقة في جميع البلدان الصناعية. وقد أنتجت المحركات البخارية التي تعمل بالفحم الحجري، معظم القدرة اللازمة لهذه البلدان منذ بداية القرن التاسع عشر وحتى القرن العشرين. ومنذ بداية القرن العشرين، أصبح النفط والغاز الطبيعي المصدرين الرائدين للطاقة في معظم أرجاء العالم. وعلى نقيض الفحم الحجري ؛ فإن النفط يمكن تحويله إلى بنزين وديزل ومواد أخرى لازمة لتشغيل وسائل المواصلات الحديثة. وقد حل استعمال الغاز الطبيعي محل الفحم الحجري لتوليد الطاقة الحرارية، ولكن الاستهلاك الحالي لموارد العالم من النفط والغاز الطبيعي يجري بسرعة، وإذا استمر الاستهلاك العالي على المستوى الحالي فإن موارد النفط ستستهلك وتنضب خلال النصف الأول من القرن الحادي والعشرين، كما أن موارد الغاز الطبيعي ستنضب بدورها في أواسط القرن الحادي والعشرين، أما مصادر العالم من الفحم الحجري فهي باقية وتكفي لحوالي ٢٢٠ سنة مقبلة، وذلك وفق معدلات الاستهلاك الحالية.

وقد يسدُّ الاستعمال المتنامي للفحم الحجري في إنتاج الكهرباء النقص المتزايد لكل من الغاز والنفط، ومع ذلك، فإن استعمال الفحم الحجري يحمل في طياته مشاكل من نوع آخر إذ إن احتراقه سببًا رئيسيًا لتلوث الهواء وزيادة تسبة ثاني أكسيد الكربون .وقد طُوِّرت وسائل عديدة للتقليل من التلوث ولكنها مكلفة ولم تثبت جدواها حتى الآن. ولابد من تحسين هذه الطرق والأساليب قبل التوسع الكبير في استعمال الفحم الحجري. وبالإضافة لهذا فإن بعض الفحم الحجري يوجد في طبقات عميقة تحت سطح الأرض، حيث يصعب استخراجه.

وفي الماضي كانت الوظائف التي تعد أكثر خطورة وصعوبة من وظيفة عامل في منجم فحم حجري تحت سطح الأرض قليلة. ففي القرن التاسع عشر الميلادي كان عمال المناجم يعملون عشر ساعات يوميًا تحت الأرض ولمدة ستة أيام كل أسبوع، وكانت المعاول هي الأدوات الوحيدة التي تستعمل في تكسير وتفتيت الفحم الحجري. وكان على عمال مناجم الفحم الحجري أن يجرفوا الفحم الحجري المستخرج وينقلوه في عربات. وفي حالات عديدة كان الأطفال دون سن العاشرة يجرُّون عربات الفحم الحجري من المناجم، كما عملت النساء في عمليات التحميل والنقل بالعربات. ومع مرور الزمن فقد الآلاف من الرجال والنساء والأطفال حياتهم في حوادث المناجم. كما مات آلاف آخرون جرّاء إصابتهم بأمراض الرئتين بسبب استنشاق رماد الفحم الحجري طوال حياتهم العملية في المناجم.

وتُنفِذ الآلات هذه الأيام معظم الأعمال في مناجم الفحم الحجري، كما تحسنت إجراءات الأمان في المناجم، وقلّت ساعات العمل، وتم حظر تشغيل الأطفال في المناجم قبل نهاية القرن التاسع عشر الميلادي. وانخفضت نسبة الوفيات بسبب حوادث المناجم بصورة كبيرة في القرن العشرين. وفي كل هذه الأحوال فإن مهنة استخراج الفحم الحجري من مناجمه ما زالت مهنة المخاطر.

الفحم الحجري كمصدر للطاقة

يعتبر الفحم الحجري من أوائل المصادر التي استغلها الإنسان لإنتاج الطاقة، حيث استغلها في الطبخ والتدفئة، ومع بدء العصر الصناعي فكان قائمًا على الفحم الحجري وزاد الطلب عليه واستهلاكه ولهذا بدأ في بلاد مثل إنجلترا وألمانيا حفر مناجم الفحم الحجري لاستخراجة بكميات كبيرة. ثم تتابع استخراجه في بقية البلاد

في مناجم لديها أو حصلت عليه بشرائه من الدول المنتجة الغنية بمصادر الفحم منها أستراليا والولايات المتحدة الأمريكية وكندا.

ولا يزال الفحم الحجري يشكل أساسا مهما للحصول على الطاقة، ففي الولايات المتحدة الأمريكية ينتج الفحم ٤٨ % من الطاقة الكهربائية (عام ٢٠٠٨)، وهو ينتج لطاقة تعادل مجموع الطاقة المنتجة من الغاز الطبيعي والطاقة النووية معا. وكل ذلك بسعر متهاود بسيط يبلغ ٢٨و٢ سنت لكل مليون وحدة حرارية بريطانية BTU وبالمقارنة بسعر الغاز الذي ينتج تلك الكمية من الطاقة نحو ٦ سنت، والنفط بسعر ١٣ سنت لكلMMBTU .

وتتعرض المحطات الكهربائية التي تعمل بالفحم إلى انتقاد متزايد بسبب ضررها بالبيئة وما تقوم به من تفاقم مشكلة الإنحباس الحراري ، وينشأ نحو ٤٠ % من غازات الأنحباس الحراري في أمريكا من إنتاج الطاقة الكهربائية، والتي تشكل المحطات العاملة بالفحم الحجري من أهم مصادرها وتجري محاولات في الولايات المتحدة الأمريكية من أجل ابتكار تقنية لفصل ثاني أكسيد الكربون وتخزينه في طبقات عميقة تحت الأرض. ولكن توجد أيضا معارضة كبيرة من جهة الصناعات حيث سوف تتكلف تلك التقنية تكاليف باهظة، وتدعي شركات إنتاج الطاقة الكهربائية التي تعمل بالفحم بأنها تحتج تلك المصاريف لتحسين أداء محطاتها التي عتى عليها الدهر. وكثير من تلك المحطات قد أصبح قديما، وتجري السياسة على استبدالها بمحطات جديدة تعمل بالفحم ومحطات تعمل بالطاقة النووية.

ويكفي احتياطي الفحم في الولايات المتحدة الأمريكية لمدة عدة قرون. وتنتج ولاية فيومنج وحدها نحو ٤٠ % من أنتاج الفحم وتقدر كمية إنتاجها بنحو ألف مليون طن سنويا. وبصرف النظر عن حصة إنتاج الكهرباء بواسطة الطاقة

المستدامة، مثل طاقة الرياح والطاقة الشمسية، فإن استغلال الفحم سيلعب دورا رئيسيا في المستقبل أيضا في الولايات المتحدة الأمريكية.

الإنتاج والإحطياطي

في الولايات المتحدة الأمريكية تبدو الصورة كالآتي:

- إنتاج الفحم عام ٢٠٠٨ : ١و١ مليار طن

- الإنتاج المنتظر عام ٢٠٢٠: ٢و١ مليار طن

- الاحتياطي الكلي : ٤٤٢ مليار طن

- منها أحتياطي سهل الاستغلال: ٢٣٧ مليار طن

- عدد مناجم الفحم العاملة : ١٤٥٨.

أنواع الفحم

الفحم مضغوط

الفحم المضغوط هو فحم يمكن التحكم في اشكاله ويصنع من مخلفات الفحم الحجري ومن مميزاته انه لا يصدر رائحة أو دخان ويظل مشتعلا فترة طويلة، ويستخدم في المنازل بأمان لأنة مكون من مادة واحدة طبيعية . وهو في صورة أصابع اسطوانية قطرها ٤/٣ بوصة بطول من ١٠ إلي ٢٠ سم.

طرق صناعة الفحم المضغوط تنقسم الي طريقتين-:

١. الطريقة الأولى تعتمد علي مخلفات الاخشاب حيث يتم فرم مخلفات الاخشاب وكبسها بمكابس خاصة لهذا الغرض ثم يتم بعد ذلك تفحيم الناتج من هذه المكابس بافران تفحيم مخصصة لهذا الغرض ، بيحث تكون متوافقة بيئيا ولا تصدر اي تلوثات أو غازات ملوثه للبيئة كما في الطرق القديمة للتفحيم.

٢. الطريقة الثانيه تعتمد في الأساس علي مخلفات وبقايا الفحم الصغيرة الناتجة عن استخراجة وتكون بكميات كبيرة ، التي يتم كبسها وضغطها إما في هيئة قوالب أو أشكال بيضاوية في حجم البيضة فيسهل استعمالها بنظافة من دون التسبب في انتشار الغبار.

غبار فحم

هو مسحوق الفحم ينتج في مناجم الفحم أو يُسحق الفحم بعد استخراجه في طاحونات مخصوصة. ويبلغ قطر حبيبة غبار الفحم نحو ٥،٠ مليمتر.

يستخدم غبار الفحم في تشغيل محطات القوي الكهربائية ، كما يستخدم لصناعة قوالب الفحم التي تستخدم في تدفئة البيوت وتشغيل القطارات . وهو رخيص الثمن إذ انه يُنتج من بقايا الفحم . ويتميز عند استخدامه عن القوالب أنه يعطي الحرارة بسرعة وبكفاءة عالية عند الحاجة . ومحطات القوى الكهربائية التي تستخدم غبار الفحم تقوم بنفسها بتحضير المسحوق داخل مصانعها.

ويكون غبار الفحم عند اختلاطه بالهواء مخلوطا انفجاريا ويجب الاحتراس في استعماله حتى لا يتسبب في الانفجار والحريق . وهذا يستلزم عناية كبيرة عند نقله وتخزينه.

فحم نباتي

هو مخلفات مكونة من كربون صرف تنتج عن عملية نزع الماء من المواد النباتية.

طريقة تحضيرة تسمي بالتقطير الاتلافي (الحرق بمعزل عن الهواء)الطريقـة المسماة عند العرب المردومة.

إن وجود الأنسجة النباتية في الفحم النباتي والحجري يدل على أنهـما مـن أصل نباتي. والفحم النباتي يصنعه الإنسان بتسخين الخشب, ولونه الأسـود سـببه وجود عنصر الكربون, أما كون الفحم النباتي أخف مـن الخشـب فلأن الخشـب يفقد كمية من الماء عند تحويله إلى فحم نباتي وتزداد نسبة المسامات فيه. والماء في الخشب هو المسئول أيضاً عن الدخان الكثيف عند حرقه. أمـا كـون الفحـم الحجري أثقل من الفحـم النبـاتي فيرجـع إلى المكونـات المعدنيـة التي توجـد في الفحم الحجري ولا توجد في الفحم النباتي.

كيفية صنع الفحم النباتي

الفحم الخشبي شكل آخر من أشكال الكربون غير النقي، يُجمع الخشـب في أكوام ويُغطى بالتراب ويُسخن عشرة أيام تقريباً. ويتم التسـخين بحرق جـزء قليل من الخشب بسبب دخول كمية قليلة من الهواء. ويزود هذا الجزء المحترق بقية الخشب بالحرارة اللازمة لتسخينه وتحويله إلى فحم نباتي. ولتحويل الخشب إلى فحم نباتي يلزم التخلص من الأوكسجين والهيـدروجين الموجـودين في مركبـات الخشب العضوية (السليلوز). ويتم ذلك بتفاعل كيميائي بحيث ينزع الأوكسجين

والهيدروجين من السليلوز فيتحول إلى مركب عضوي جديد يحتوي على كمية أقل من الأوكسجين والهيدروجين, فتزداد نسبة الكربون فيه.

استعمالات الفحم النباتي

يستعمل الفحم النباتي في الحرق المباشر للحصول على الطاقة. وعادة ما يقتصر على استعماله بعض الأغراض المنزلية كالتدفئة أو الطهو أو الشواء. أما البلاد التي يوجد فيها فائض من خشب الغابات, فيمكن تحويله إلى فحم نباتي ثم استعماله في بعض المشاريع الكبيرة كتوليد الكهرباء. وكما أنّ زمن احتراق كمية من الفحم النباتي أطول من زمن احتراق كمية مماثلة من الخشب، فللفحم النباتي قيمة حرارية أكبر من الخشب.

ويُستخدم شكل من أشكال الفحم الخشبي يدعى الكربون المنشط في المرشّحات وأقنعة الغاز لإزالة الأبخرة السامة. فهو يضم ثقوباً صغيرة لا تحصى على سطحه وهي مثالية لحبس الأبخرة ويُصنع بالسماح للفحم الخشبي بالاحتراق لفترة وجيزة مع الأكسجين في نهاية عملية صنع الفحم الخشبي. وغالباً ما يستخدم الفحم الخشبي كوقود للشواء ويمكن تشكيله في عيدان ليستخدم مادة للرسم. وحيث أن الفحم النباتي المنشّط ذو قدرة امتزازية عالية، أي أنه يجتذب المواد إلى سطحه، فيمكنه بذلك إزالة الغازات السامة والروائح الكريهة من الهواء.. لذا يستخدم هذا الفحم في ومنظومات التهوية في العربات الفضائية وكمامات مواقد المطبخ، كما يستخدم أيضاً في تنقية السوائل، كالماء في أحواض السمك. فيمر ماء الحوض المتسخ فوق الفحم النباتي المنشّط لإزالة أوساخه، ثم يُعاد نقياً إلى الحوض.

مواصفات الفحم النباتي الجيد

وهناك عوامل كثيرة تحدد جودة الفحم المنتج بواسطة أي طريقة لإنتاجـه وهذه العوامل هي:-

١- نوعية الأخشاب المستخدمة

حيث لنوع الخشب أهمية كبري لجودته ومنذ قـديم الأزل يعـرف الفـلاح المصري هذه المعلومة فمثلا في مصر والدول العربية يفضلون الفحم النـاتج مـن خشب أشجار الحمضيات مثل شجر البرتقال والجوافة والمـانجو والزيتـون وهـي أفضل الأنواع لإنتاج فحم جيد وهـذا يرجـع لمكونـات السـيليوز المكون الرئيسـي- للخشب وتفاوت نسب امتصاصه لمكونات التربة.

٢- نسبة الكربون

ودرجات الحـرارة لهـا أهميـه كبري في جـوده الفحـم المنـتج وكلـما زادت درجات الحرارة عن ٤٠٠ درجة مئوية قلت جودة الفحـم النـاتج حيـث يـنخفض الكربون وهو المكون الرئيسي للفحم الجيد.

٣- نسبة الرطوبة في الفحم

وهي أيضا مـن عوامـل جـوده الفحـم فكلـما ذادت نسبة الرطوبة قلـت جودته.

٤- كمية الرماد الناتج ولونه

ويحدده أيضا المكون الرئيسي للخشب المستخدم وكمية الأملاح والمكونات التي تتخلل السليوز.

٥- حجم الفحم

ينتج عن صناعة الفحم وتداوله ونقلة من مكان إلي أخر ينتج عن ذلك تكسر نسبة لا بأس بها من الفحم الذي لا يصلح للاستخدام فللحجم المناسب أهمية أيضا.

فحم الكوك

هو مادة كربونية قابلة للاستخدام كوقود بإحراقها، ويتم تصنيعها بالتقطير الإتلافي للفحم الحجري أو الفحم البيتوميني، ويكون شكل الفحم في النهاية على هيئة أحجار سوداء ورمادية جافة لكنها ليست شديدة الصلابة وقابلة للكسر .وتعد عملية إنتاجه شديدة التلويث للبيئة.

كيفية الإنتاج

تستغرق عملية الإنتاج من ١٦ إلى ٤٠ ساعة على حسب الجودة المنشودة للفحم، وخلال تلك العملية، يتحول خليط الفحم الحجري إلى كوك عن طريق عزل واستئصال المواد الطيارة المتعلقة به، ثم بعد ذلك يتم تغيير هيئتها فيزيائياً وميكانيكياً.

يتم عزل تلك المواد في البداية عن طريق تسخين الفحم الحجري في أفران معزولة عن الهواء بدرجات قد تصل إلى ٢٠٠٠ درجة مئوية، وفي إحدى مراحل

التسخين المتوسطة يتحول الفحم إلى لباب بلاستيكي، ثم يتجمد مرة أخرى في درجات الحرارة الأعلى، فيتم جمعه وتبريده.

عجينة الكوك

أول مرحلة من مراحل إنتاج الكوك هي جمع الفحم وتجهيزه قبل إدخاله الأفران. تعتمد جودة الكوك النهائية بشكل أساسي على تلك المرحلة، فهي تتكون من خلط أنواع مختلفة من الفحم، وهي عادةً عملية أوتوماتيكية. ثم يتم طحن الخليط في النهاية.

بعد ذلك يتم خلط الفحم مع بعض المازوت (وقود التسخين) بنسبة ١ إلى ٥‰ (من واحد إلى خمسة في الألف) من كتلته. وتساعد تلك العملية والمسماة "Fioulage" على تقليل انحدار الالكثافة النسبية للفحم داخل الفرن بسبب الجاذبية.

التسخين

لإنتاج فحم الكوك المستخدم في صناعة الفولاذ، يتم تسخين اللباب الفحمي في أفران تسمى" أفران الغرفة الرأسية".

ويتكون الفرن من جدارين من الطوب العازل ومغلق بباب من كل ناحية. والغرفة بشكل عام متوازية الأسطح، ويتراوح طولها بين ١٢ إلى ١٨ م، وعرض من ٠،٤ إلى ٠،٨ م، وبارتفاع من ٤ إلى ٨ م. كما لا تكون الألواح الجانبية متوازية تماماً، فهي مبنية بزاوية افتتاح بسيطة، وذلك بغرض تسهيل إخراج المواد من الفرن.

يتم تسخين الفرن من خلال أرصفة من الغرف (مداخن) على الجوانب، فيوجد رصيف على كل جانب من الفرن. ويسمح نظام التسخين بالوصول إلى درجات حرارة من ١٢٠٠ إلى ١٣٥٠ درجة مئوية.

يتم توصيل الأفران ببطارية بأعداد من ١٠ إلى ١٠٠، ويتم توصيل كل فرنان بمدخنة. وتعمل بطارية الأفران بمُجَمِّع للحرارة يسمح بالحصول على الحرارة الزائدة غير المستخدمة من الأفران ومن ثم نقلها إلى مخارج المداخن.

للحصول على فحم كوك تعديني (للاستخدام في الأفران العالية)، بدرجات حرارة من ١٢٠٠ إلى ١٣٥٠ درجة مئوية، يستغرق وقت التسخين من ١٦ إلى ٢٠ ساعة.

إن أول آلة تتدخل في عملية إنتاج الكوك هي "آلة التفرين" والتي تستخدم وسيطاً كالقمع لإدخال كمية محددة من الفحم (نحو ٤٠ طناً) من خلال أفواه (تدعى فواصل) موضوعة عند قمة الأفران.

خلال عملية التسخين، يمر لباب الكوك بمراحل مختلفة. أول مرحلة عند ١٥٠ درجة مئوية هي التجفيف. ويحدث فيها تبخر الماء. وعند ٣٥٠ درجة، يخف اللباب وتقل لزوجته، وتصل لحدها الأدنى لدى ٤٥٠ درجة. ويصاحب تلك الظواهر انتفاخ قوي في اللباب، ثم تقل اللزوجة أكثر ويعود اللباب صلباً مرة أخرى لدى ٥٥٠ درجة. وعند الدرجات الأعلى من ذلك، نمر بمرحلة كربنة الشبه-كوك. فينكمش اللباب وتصدر منه مواد طيارة والتي يتم جمعه مرة أخرى.

الإخراج من الفرن والإخماد

تقوم "آلة الإخراج من الفرن بدفع الكوك الساخن (نحو ١٠٠٠ درجة مئوية) باستخدام مدق ورف كوسيط إلى طُرقة "إرشاد الكوك". حيث تقوم تلك الطُرقة بتمرير "خبز الكوك" حتى إسقاطه في عربة الفحم، ثم تقوم تلك العربة بدورة إخماد حيث يتم تبريد فحم الكوك بعملية رش للمياه. ويصاحب تلك العملية إصدار قوي لبخار الماء بما يقارب ٨٠ م³ من المياه (٢ م³ من المياه هي الكمية الضرورية لإخماد ١ طن من الكوك بدرجة ١٠٠٠ مئوية) ثم يتم سكبهم خلال ١ إلى ٢ دقيقة، ويختفي بقية الماء على هيئة بخار.

يتم تفتيت الفحم أثناء عملية تبريده إلى قطع بأحجام مختلفة، ويتم فرزها قبل الاستخدام وفقاً لأحجامها.

الدول الأكثر إنتاجاً للفحم

الدولة	إنتاج الفحم/مليون طن
العالم	٦,٣٩٥,٦
الصين	٢,٥٣٦,٧
الولايات المتحدة	١,٠٣٩,٢
الإتحاد الأوروبي	٥٩٠,٥
الهند	٤٧٨,٢
أستراليا	٣٩٣,٩
روسيا	٣١٤,٢
أفريقيا الجنوبية	٢٦٩,٤
ألمانيا	٢٠١,٩
إندونيسيا	١٧٤,٨

| بولندا | ١٤٥,٨ |
| كازخستان | ٩٤,٤ |

التأثيرات الصحية الناتجة عن صناعة الفحم

ينجم الضرر الرئيسي على صحة الإنسان من استنشاقه للغازات المنبعثة من عملية الحرق. وتتسبب هذه الغازات بأمراض تنفسية عديدة تختلف بحسب نوع الغاز المستنشق. فمن المعروف بأن اكاسيد الكبريت تؤدي إلى تفاعلات التهابية في القصبات الهوائية (Emphysema) في حين تؤدي الغازات الهيدروكربونية، مثل تلك المنبعثة عن عوادم السيارات والمولدات، إلى أمراض سرطانية. أما غاز أول أكسيد الكربون فإن له قدرة على الاتحاد مع الهيموجلوبين ٢٠٠ مرة أكثر من الأكسجين، وبالتالي فإنه يؤدي إلى التسمم الحاد والصداع والدوخة والغثيان والفشل التنفسي. وفي حالة ارتفاع تركيز الغاز واستمرار تعرض الجسم له فإنه يؤدي لعوارض مزمنة، مثل ضعف الذاكرة، نقص الإنتاجية في العمل، اضطرابات في النوم وفي السلوك، وارتفاع في مستوى الكولسترول. أما بالنسبة لغاز ثاني أكسيد الكربون فإن تواجده في الجو بتركيز منخفض قد يؤدي إلى تسارع في التنفس والصداع والتشويش الذهني والشلل الارتخائي. أما إذا زاد تركيزه عن ٥% فإنه يؤدي إلى فقدان الوعي والوفاه، وهنالك أيضاً أضراراً صحية تنجم عن أكسيد الكبريت، إذ أن هذا الغاز يتحول إلى حامض الكبريتيك عند ملامسته للسطوح الرطبة للأغشية المخاطية، وينجم عن ذلك التهابات وأمراض مزمنة في الجهاز التنفسي. كما تتسبب أكاسيد النيتروجين بتهييج للحويصلات الهوائية في الرئتين، في حين يمكن أن يؤدي تراكم الغبار فيهما إلى التليف والوفاة. ويتضح مما تقدم أن

المشكلة في صناعة الفحم هي الآثار السلبية لها على الصحة العامة وعلى البيئة، حيث تنبعث منها غازات كثيرة مثل أول اكسيد الكربون وثاني اكسيد الكربون وثاني أكسيد الكبريت وبعض المخلفات الأخرى التي تؤثر على الثروة الزراعية والمائية. وتكون أكثر خطورة إذا كانت مناطق إنتاج الفحم قريبة من التجمعات السكنية، حيث تؤثر هذه الغازات والأبخرة ليس على العاملين في الإنتاج فقط بل وعلى سكان المنطقة بأسرها.

❖ الغاز الطبيعي

يتكون الغاز الطبيعي من العوالق (Plankton) ، و هي كائنات مجهرية تتضمن الطحالب و الكائنات الأولية ماتت و تراكمت في طبقات المحيطات و الأرض ، و انضغطت البقايا تحت طبقات رسوبية ، وعبر آلاف السنين قام الضغط و الحرارة الناتجان عن الطبقات الرسوبية بتحويل هذه المواد العضوية إلى غاز طبيعي ، و لا يختلف الغاز الطبيعي في تكونه كثيراً عن أنواع الوقود الحفري الأخرى مثل الفحم و البترول . وحيث أن البترول و الغاز الطبيعي يتكونان تحت نفس الظروف الطبيعية ، فإن هذين المركبين الهيدروكربونيين عادةً ما يتواجدان معاً في حقول تحت الأرض أو الماء ، وعموماً الطبقات الرسوبية العضوية المدفونة في أعماق تتراوح بين ١٠٠٠ إلى ٦٠٠٠ متر (عند درجات حرارة تتراوح بين ٦٠ إلى ١٥٠ درجة مئوية) تنتج بترولاً بينما تلك المدفونة أعمق وعند درجات حرارة أعلى تنتج غاز طبيعي ، وكلما زاد عمق المصدر كلما كان أكثر جفافاً (أى تقل نسبة المتكثفات في الغاز) . بعد التكون التدريجى في القشرة الأرضية يتسرب الغاز الطبيعى و البترول ببطء إلى حفر صغيرة في الصخور المسامية القريبة التى تعمل كمستودعات لحفظ الخام ، ولأن هذه الصخور تكون عادةً مملوءة بالمياه ، فإن البترول و الغاز الطبيعى - و كلاهما أخف من الماء و أقل كثافة من الصخور المحيطة - ينتقلان لأعلى عبر القشرة الأرضية لمسافات طويلة أحياناً . في النهاية تُحبس بعض هذه المواد الهيدروكربونية المنتقلة لأعلى

في طبقة لا مسامية غير منفذة للماء من الصخور تُعرف بـ صخور الغطاء (Cap Rock)، و لأن الغاز الطبيعى أخف من البترول فيقوم بتكوين طبقة فوق البترول تسمى غطاء الغاز Gas Cap ولا بد أن يصاحب البترول غاز يسمى بـ الغاز المصاحِب Associated Gas ، كذلك تحتوى مناجم الفحم على كميات من الميثان – المُكوِن الرئيسى للغاز الطبيعى – ، و فى طبقات الفحم الرسوبية يتشتت الميثان غالباً خلال مسام و شقوق المنجم ، يسمى هذا النوع عادة بـ ميثان مناجم الفحم.

الاحتياطيات العالمية من الغاز الطبيعى

نظراً لارتفاع المستوى المادى للبشر فى العالم فقد زاد استهلاكهم من الطاقة بشدة من أجل تسيير السيارات التى تحملهم لأعمالهم ، ومن أجل الكهرباء التى صارت لا غِنى عنها فى الحضارة الحديثة ، وغير ذلك كثير ، وحيث أن مصادر الطاقة فى العالم ناضبة و غير متجددة يُعرَّف الاحتياطى المؤكد – من البترول أو الغاز الطبيعى – لحقل ما بأنه الكمية القابلة للاستخلاص على مدى عمر الحقل فى ظل التكنولوجيا والاعتبارات الإقتصادية السائدة ، وطبقاً لتعريف مجلة البترول و الغاز الأميركية المتخصصة يتم تعريف الاحتياطى المؤكد من الغاز الطبيعى بأنه :الكميات التى يمكن استخراجها فى ظل ما هو معروف حالياً من الأسعار و التكنولوجيا ، أما هيئة سيديجاز (Cedigas) الفرنسية فتُعرِّفه بأنه : الكميات المكتشفة التى يتأكد بقدر معقول من اليقين إمكانية إنتاجها فى ظل الظروف الاقتصادية و الفنية السائدة . ويُعدَّ التعريف الأول الأكثر تحفظاً لذا نجد أن احتياطيات الغاز الطبيعى العالمية فى أول يناير عام ١٩٩٩ طبقاً لتقدير مجلة البترول و الغاز تقل بنسبة ٧ % عن تقديرات سيديجاز ، بل إن احتياطيات الغاز الطبيعى لمنطقة الشرق الأقصى كانت طبقاً للمجلة تقل بنسبة ٣٠ % عن تقديرات سيديجاز ! . وكلا التعريفين يخضع للتقدير الشخصى ـ أكثر منه لمعايير موضوعية ثابتة يمكن قياسها بدقة ، لذا نجد بعض الدول تلجأ للمبالغة فى تقدير ما لديها من احتياطيات - وتسميها بالمؤكدة - لأسباب كثيرة سياسية و اقتصادية كالرغبة فى

الاقتراض بضمان ثروتها البترولية و الغازية ، كما إن شركات البترول العالمية تميل أحياناً للمبالغة في التقديرات بهدف تقوية مراكزها المالية أو لتبرر قيامها بالإنتاج بوفرة ، أو لتبرر إمكانية التصدير لخارج الدول المنتجة . ومن أمثلة عدم دقة حسابات احتياطيات الثروة البترولية ما قامت به المكسيك من خفض احتياطياتها المؤكدة من الغاز الطبيعى بأكثر من النصف من ٦٤ تريليون قدم مكعب عام ١٩٩٩ إلى ٣٠ تريليون قدم مكعب في عام ٢٠٠٠ ، و أيضاً قيام بريطانيا في التسعينات بخفض احتياطياتها المؤكدة من البترول بنفس القدر ، و تصل إجمالى احتياطيات الغاز الطبيعى في العالم - طبقاً لأرقام عام ٢٠٠٥ - لحوالى ٦١١٢ تريليون قدم مكعب ، و أكبر احتياطى للغاز الطبيعى في العالم يوجد في روسيا الاتحادية ، و يبلغ قدره ١٦٨٠ تريليون قدم مكعب.

انتاج الغاز و معالجته

يستخرج الغاز الطبيعي من ابار شبيهة بآبار النفط يوجد الكثير من تجمعات الغاز على مبعدة من الشاطئ ويتم نقل الغاز بالانابيب من منصات الانتاج المشاطئة إلى نقطة تجميع على الشاطئ ومنها إلى معمل تكرير حيث ينقّى. في مرحلة التنقية الاولى ، يزال الماء واي سائل اخرى من الغاز بفعل الجاذبية ثم يمرر الغاز الجاف عبر مبرد حيث يتسيل البروبان ويجمعان، ويسوق غازا البترول المسلان كمواد اولية لتصميع الكيماويات او يعبأ في قواوير كوقود للسخّانات ومواقد الطبخ في المنازل، ما يتبقى من الغاز الطبيعي يمكن ضخه عبر شبكة امداد او يمكن تسيله بالتبريد والضغط وتسويقه كغاز طبيعي مسيّل.

معالجة الغاز الطبيعي

معالجة الغاز الطبيعي هي مجموعة من العمليات الإنتاجية يتم فيها تنقية الغاز الطبيعي الخام بعد استخراجه من آبار الغاز ودفعه للسطح بواسطة الزيوت.

بعد معالجته يكوّن غاز الميثان جلّ محتوى الغاز الطبيعي والذي تصبح خصائصه عند ذلك مختلفة إلى حد كبير عن خصائص الغاز الخام. يستخدم الغاز الطبيعي المعالج كوقود للاستهلاك السكاني والتجاري والصناعي.

بالإضافة إلى الميثان(CH_4) ، وهو أخف الهيدروكربونات وأقصرها، يحتوي الغاز الطبيعي الخام على كميات مختلفة من المركبات التالية:

- هيدروكربونات غازية أثقل كالإيثان(C_2H_6) ، والبنتان(C_3H_8) ، ومركبات ذات كتل جزيئية أثقل. بعد معالجة الغاز الخام وتنقيته تجمع كل تلك المركبات كمنتج ثانوي ويطلق عليها اسم الغاز الطبيعي المسال.
- غازات حامضية كثاني أكسيد الكربون (CO_2) وكبريتيد الهيدروجين (H_2S)وبعض المركبات مثل الميثان ثيول (CH_3SH) وإيثان ثيول (C_2H_5SH).
- غازات أخرى : كالنيتروجين (N_2) والهيليوم.(He)
- الماء :على شكل بخار الماء والماء السائل.
- هيدركروبونات مسالة: مثل متكثف الغاز الطبيعي) والذي يعرف أحيانا بالبنزين الطبيعي (والنفظ الخام.
- الزئبق :قد يوجد الزئبق بكميات ضئيلة جدا معظمه بهيئته الخامة، وقد يكون متحدا مع الكلور ومركبات أخرى.

قبل نقله يجب أن ينقى الغاز الطبيعي الخام ليوافق المعايير المحددة من قبل شركات النقل والتوزيع عبر خطوط الأنابيب .وتختلف تلك المعايير بين خطوط النقل بناء على مواصفات الأنابيب المستخدمة والأسوق المستهدفة. بشكل عام، تحدد المعايير مواصفات الغاز من الجوانب التالية:

- أن يحقق قيمة حرارية معينة. ففي الولايات المتحدة مثلا، ينبغي أن تكون تلك القيمة بحدود ٤١ ± ٥ %ميغا جول لكل متر مكعب من الغاز عند ١ ضغط جوي و ٠ درجة مئوية.

أن تكون درجة حرارته عند التسليم أعلى من درجة ندى الهيدركربون لذلك الغاز، والتي تتكثف بعدها بعض الهيدركربونات في الغاز تحت الضغط الكائن في خطوط النقل مما قد يؤذي أنابيب النقل.

- أن تكون خالية من الدقائق الصلبة وحبيبات الماء السائل لتفادي التعرية والتآكل والأضرار الأخرى التي قد تسببها للأنابيب.
- أن تكون مجففة من الماء بشكل كافي لتفادي تشكل مركبات الميثان المائية سواء في منشأة المعالجة أو في خطوط النقل .
- أن تكون نسبة كبريتيد الهيدروجين وثاني أكسيد الكربون والمركبتانات والنيتروجين وبخار الماء ضئيلة جدا.
- أن تكون نسبة الزئبق تحت النسبة الممكن قياسها (تقريبا ٠,٠٠١ جزء حجمي لكل مليار جزء من الغاز) وذلك لتجنب الإضرار بالمعدات في منشأة المعالجة وفي خطوط النقل بسبب ما يحدثة الزئبق من التغام وهشاشة للألمنيوم والمعادن الأخرى.

منشأة معالجة الغاز الطبيعي

تتعدد طرق ترتيب وحدات المعالجة المختلفة المستخدمة في معالجة الغاز الطبيعي الخام. ويعطي المخطط البياني المرفق في الأسفل التوزيع العام المستخدم عادة في عمليات معالجة الغاز المستخرج من آبار مستقلة. ويبين المخطط كيف تتم معالجة الغاز حتى يصل إلى الأنابيب المخصصة لإيصال إلى سوق الاستهلاك

عادة ما يجمع الغاز الطبيعي الخام من عدة آبار متجاورة حيث يتم تخليصه من الماء السائل الحر ومن متكثف الغاز الطبيعي. الماء المستخلص يتم التخلص منه كمياه عادمة، أما متكثف الغاز فيرسل إلى محطات تنقية النفط. بعد ذلك، يساق الغاز بواسطة الأنابيب إلى منشأة معالجة الغاز حيث تبدأ المعالجة عادة بإزالة الغازات الحامضية (كبريتيد الهيدورجين وثاني أكسيد الكربون ومع أن هنالك العديد من العمليات الصناعية المتوفرة لهذه الغاية إلا أن المعالجة الأمينية هي

الأكثر استخداما. لكن في السنوات العشر الأخيرة ظهرت عملية تستخدم الأغشية النافذة المصنوعة من المبلمرات تلاقي قبولا في المنشآت حيث تستخدم لإزالة الماء وثاني أكسيد الكربون وكبريتيد الهيدروجين من الغاز.

ترسل الغازات الحامضية المستخلصة من الغاز إلى وحدة معالجة الكبريت التي تحول كبريتيد الهيدروجين الموجود في الغاز الحامضي ـ إلى عنصر ـ الكبريت. يمكن تحقيق ذلك بطرق مختلفة أكثرها شيوعا هو وحدة كلاوس. الغازات الناتجة من وحدة كلاوس عادة تسمى "الغازات المتخلفة" وتخضع لعمليات معالجة إضافية في وحدة معالجة الغازات المتخلفة لاستخلاص ما تسرب من المواد المحتوية على الكبريت وإعادتها إلى وحدة كلاوس. وكغيرها، فإن عملية معالجة الغازات المتخلفة يمكن أن تتم باستخدام طرق مختلفة منها المعالجة الأمينية. أما الغاز العادم الناتج من منشأة معالجة الغازات المتخلفة فيتم حرقه ويطلق إلى الهواء حيث يكون محتويا على الماء وثاني أكسيد الكربون.

بعد التخلص من الغازات الحامضية يرسل الغاز الطبيعي إلى وحدة التجفيف للتخلص من بخار الماء الموجود في الغاز. وتتم عملية التخلص من الماء إما بالامتصاص في مادة ثلاثي الغلايكول «TEG» أو الامتزاز بالضغط المتأرجح وهي عملية تعتمد على مواد ممتزة صلبة. في كلا العمليتين تجفف المادة المستخدمة للتخلص من الماء ويعاد استخدامها من جديد. وقد يلجأ إلى عمليات أخرى للتجفيف مثل استخدام الأغشية النافذة، والتي تسبب انخفاض أكبر في الضغط، أو التجفيف عند سرعات فوق صوتية، مثل عملية Twister «Supersonic Separator».

بعد ذلك يزال الزئبق باستخدام عمليات امتزازية باستخدام مواد مثل الكربون المنشط أو مناخل جزيئية.

الخطوة التالية يتم فيها إزالة النيتروجين باستخدام إحدى الطرق الثلاثة:

- عملية التبريد العميق التي تعتمد على التقطير على درجات حرارة منخفضة. ويمكن استخدام هذه الطريقة للتخلص من الهيليوم إذا لزم.
- عملية الامتصاص باستخدام الزيت المفتقر أو مذيب خاص.
- عملية الامتزاز باستخدام الكربون المنشط أو المناخل الجزيئية كعوامل ممتزة. ويشار أن استخدام هذه العمليات محدود لما تحدثه من ضياع بعض البيوتان والهيدروكربونات الأثقل.

بعد ذلك، تكون عملية استخلاص الغاز الطبيعي المسال والتي تتم في أغلب منشآت معالجة الغاز الكبيرة الحدثية بواسطة التقطير على درجات حرارة فائقة البرودة يتم فيها تخفيف الضغط الغاز باستخدام موسعات التربو قبل تقطيرها في برج تقطير إزالة الميثان بعض المنشآت تستخدم الامتصاص بواسطة الزيت المفتقر بدلا من عملية التوسع الفائقة البرودة.

الغاز الناتج بعد عملية استخلاص الغاز الطبيعي المسال المنتج النهائي من الغاز الجاهز للتسويق للاستهلاك النهائي.

الغاز الطبيعي المسال المستخلص يمرّر من خلال منظومة تقطير تحتوي على ثلاثة أبراج تقطير بالتوالي: برج لاستخلاص الإيثان، حيث ينبعث غاز الإيثان من أعلى البرج ويرسل السائل المتجمع في أسفل البرج إلى برج استخلاص البروبان، حيث يأخذ البروبان من أعلى البرج ويرسل المتبقي إلى برج استخلاص البيوتان. الغاز المنبعث من هذا البرج عبارة عن مزيج من البيوتان والأيزوبيوتان، وما يخرج من أسفل البرج فخليط من البنتان وهيدروكربونات أخرى أثقل. يكوّن البروبان والبيوتان والبنتان والهيدروكربونات الأثقل، بعد تحليتها في وحدة ميركس لتحويل عناصر الميركبتان الضارة إلى ثنائيات الكبريت، بالإضافة إلى الإيثان الناتج الثانوي من الغاز الطبيعي المسال.

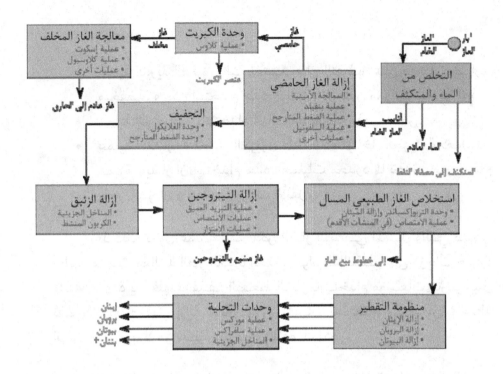

الدول الأكثر إنتاجاً للغاز الطبيعي

الدولة	حجم الانتاج/مليون متر مكعب
روسيا	١٧٣٠٠
كندا	١٠٧٣٠
النرويج	٨٥٧٠
الجزائر	٥٩٤٠
هولندا	٥٥٦٦
تركمانستان	٤٩٤٠
قطر	٣٩٣٠

أندونيسيا	٣٢٦٠
ماليزيا	٣١٦٠
الولايات المتحدة	٢٣٢٨
العالم	**٩٢٩٩٠**

الفصل الثاني......

الطاقة البديلة

مقدمة

لم يعد العمل من أجل مصادر بديلة للطاقة هدفا لحماة البيئة فقط بل يمكن وصفه بساحة إضافية لمزيج من الصراع والتنافس الدوليّيْن على الأصعدة السياسية والاقتصادية أيضا. وإذا كانت جهات عديدة تعلل مسلسل الحروب والتدخلات العسكرية الأمريكية عالميا ما بين البلقان وأفغانستان والعراق بأنها تستهدف استكمال السيطرة على القسط الأعظم من منابع النفط الخام والغاز الطبيعي وطرق إمداداتهما العالمية، فإن كثيرا من الجهود المبذولة لتطوير مصادر للطاقة البديلة يمكن رؤية أهداف سياسية واقتصادية من ورائها أيضا إضافة للأهداف البيئية الواضحة لذلك، على الأقل عندما تتبنى تلك الجهود جهات حكومية رسمية وشركات اقتصادية كبرى.

ولكن دعم الاعتماد على مصادر الطاقة البديلة لا يتحقق بشكل فعال دون توفير الأموال الاستثمارية على نطاق واسع، بينما يُنفَق في الوقت الحاضر ما يتراوح بين ٣٠٠ و٤٢٠ مليار يورو سنويا في الاستثمارات المالية في قطاعات الطاقة التقليدية، من الفحم والنفط الخام والغاز الطبيعي، كما يُدعم بعض هذه القطاعات -لاسيما الفحم- بزهاء ٢٠٠ إلى ٢٥٠ مليار يورو سنويا ليحافظ العمل فيها على مردود اقتصادي يسمح ببقائها، ولا تجد مصادر الطاقة البديلة من الاستثمارات أو الدعم ما يسمح بأي مقارنة.

وما يزال الطريق إلى إيجاد مصادر بديلة للطاقة بنسبة عالية لتغطية الاحتياجات العالمية طريقا طويلا، فحتى الدول التي تركز جهودها على هذا الصعيد تتحدث عن نسب أقصاها ما يصل إلى عشرة أو عشرين في المائة من احتياجاتها المحلية بالقياس إلى الاستهلاك الحالي للطاقة فيها، وهذا خلال عدة عقود مقبلة، مما يعني في الحصيلة أن الاعتماد على النفط الخام والغاز الطبيعي في اقتصاد الطاقة ستبقى له مكانة الصدارة لزمن طويل.

قصة استبدال الطاقة

وكانت بداية الحديث على مستوى عالمي لزيادة استغلال مصادر الطاقة البديلة في مؤتمر ريـو دي جـانيرو أو مـا عُـرف بقمـة الأرض إبـان انتهاء الحـرب الباردة، ولم يتعد آنذاك إعلان النوايا الحسنة غير الملزمة، وذكر الطاقة البديلة كوسيلة لتخفيف أعباء تلوث البيئة.

وأظهرت المؤتمرات الدولية الكبرى لاحقا -لا سيما مؤتمرات المناخ العالمي- استحالة التوصل إلى "إجماع دولي" على خطوات محددة وملزمة في ميدان الطاقة البديلة، وكانـت خيبـة الأمـل الكبرى على هـذا الصعيد أثنـاء قمـة "التنميـة المستدامة" في جوهانسبرج في جنـوب أفريقيـا عـام ٢٠٠٢م، عندما صدرت الاعتراضات في الدرجة الأولى عـن الولايـات المتحـدة الأمريكيـة وكنـدا وأستراليا واليابان ومجموعة الدول النفطية.

وكان الطلب المطروح آنذاك هو تبني هـدف رفع إنتاج مصادر الطاقة البديلة إلى حدود ١٥ في المائة من الإنتاج العالمي حتـى سـنة ٢٠١٥م. في المؤتمر نفسه تكونت مجموعة ما يُسمى "ائتلاف الدول الراغبة" تعبيرا عن التقائها على الهـدف المـذكور، فصـدرت دعـوة ألمانيـا إلى عقـد مـؤتمر دولي يضمها ويضـم المنظمات غير الحكومية والشركات المعنية للعمل على إعطاء قطاع المصادر البديلة للطاقة دفعة قوية على الصعيدين السياسي والاقتصادي. هذا المؤتمر انعقد في بون في الفترة بـين ١ و٤ حزيران/ يونيـو ٢٠٠٤م، بمشاركة زهـاء ١٥٠٠ شخص، يمثلون أكثر من ٨٠ دولة وعددا كبيرا من المنظمات غـير الحكوميـة ومـن الشركات العالمية، لاسيما الألمانية.

الطاقة البديلة بين السياسة والاقتصاد

عند التأمل في قائمة الدول المشاركة في هذه المبادرة الدولية الكبرى والأولى من نوعها يلاحظ أنها تشمل الدول الأوربية جميعا، وعددا لا بأس به مـن الـدول النامية والمتطورة نسبيا فيما عدا الدول النفطية، وهو ما يشير إلى قيام "تحالف دولي" مصلحي مقابل التحالف الدولي غير المباشر بين الدول النفطية

والولايات المتحدة الأمريكية على وجه التخصيص، بينما بقيت دول رئيسية كالاتحاد الروسي والصين الشعبي خارج الإطار حتى الآن.

كما يظهر في مؤتمر بون حرص القائمين عليه من ألمانيا على رفع مستوى مشاركة المنظمات غير الحكومية فيه بشكل ملحوظ. فبدلا من أن تعقد هذه المنظمات مؤتمرا موازيا منفصلا عن المؤتمر الرسمي، كما أصبح معتادا في كثير من المؤتمرات الدولية الكبرى، لتعلن عن مطالب ومواقف تتناقض غالبا مع المواقف الرسمية للحكومات، يشهد مؤتمر بون عملية دمج شاملة لتلك المنظمات -والشركات أيضا- في الإعداد للمؤتمر أولا، ثم في المناقشات الجماعية للقضايا المطروحة فيه ثانيا، ثم في التأثير على صياغة نتائجه ثالثا. لكن هذه المشاركة تقتصر على اليومين الأولين، بينما تُتخذ القرارات وتُعلن الحصيلة من جانب الوزراء المختصين في اليوم الأخير، بعد مناقشات وزارية في اليوم الثالث.

ألمانيا.. محركة القطار

وقد قطعت ألمانيا -الدولة المضيفة- شوطا كبيرا في هذه الأثناء على صعيد استغلال مصادر الطاقة البديلة، مما ساهم فيه إسهاما رئيسيا وصول حزب الخضر إلى السلطة في ائتلاف حكومي مع الديمقراطيين الاشتراكيين عام ١٩٩٨م، وشمل ذلك مخطط الاستغناء عن الطاقة النووية وفق برنامج طويل الأمد (أكثر من ٣٠ سنة)، واتخذت الحكومة الألمانية سلسلة من الإجراءات السياسية بما فيها الدعم المالي المكثف لتطوير استغلال الطاقة الشمسية وطاقة الرياح على وجه التخصيص.

وقد بلغ انتشار خلايا الطاقة الشمسية في هذه الأثناء ما يغطي مساحة تزيد على ٤ ملايين متر مربع، ويراد الوصول بطاقتها الإنتاجية إلى أكثر من ٣٠ ألف ميجاوات. بينما بلغ عدد "طواحين طاقة الرياح" بضعة عشر ألفا، وبلغ حجم طاقتها ١٢ ألف ميجاوات. ويراد توسيع نطاقها إلى المناطق البحرية، لا سيما بعد ازدياد موجة الاحتجاجات الشعبية من التأثير السلبي لمنظر تلك "الطواحين" في المناطق الطبيعية التي تنتشر فيها. وتتطلع وزارة البيئة إلى زيادة استغلال الطاقة الحيوية

والمائية أيضا، إلا أن جميع ذلك لم يبلغ حتى الآن سوى ٣% مـن اسـتهلاك الطاقة، أو ٦% من إنتاج التيار الكهربائي.

وترى الأهداف الرسمية الموضوعة عـلى هـذا الصعيد رفـع نسبة إنتـاج مصادر الطاقة البديلة إلى ما يناهز ٢٠% بـين عـامي ٢٠٢٥ و٢٠٣٠م، وتوصف هذه الأهداف بأنها عسيرة التحقيق، وقد توصف بالأحلام عند ذكر نسبة ٥٠% مع حلول عام ٢٠٥٠م. إلا أن هـذه النسب تعلن بالقياس إلى حجم الاستهلاك الحالي للطاقة في ألمانيا، وهو ما يدفع إلى التساؤل عـما سـتكون عليـه فعـلا مـع ارتفاع نسبة الاستهلاك.

على أن الحماس الألماني الملحوظ على هذا الصعيد يستدعي السـؤال عـن دوافعه بغض النظر عما يُذكر فيما يشبه "الدعاية السياسية" أن الغرض الرئيسي- هو توفير الطاقة بصورة أفضل في البلدان النامية والفقيرة التي يمكـن أن يحقـق استغلال الطاقة الشمسية والرياح فيها مردودا اقتصاديا أكبر بكثير مما يحققه في الدول الصناعية عموما. على أن هذا الأسلوب في عرض الأهداف الرسمية يـرتبط أيضا بالخلفية المالية والاقتصادية للدوافع الألمانية؛ فبعد أن احتلت ألمانيا مكـان الصدارة في قطاع الطاقات البديلة بين الدول الصناعية تريد أن تكون لها الأولويـة في تصدير المنشآت والخبرات التقنية إلى الدول النامية.

ومن المؤكد أن الجهود الألمانية والأوربية لن تقـف عنـد الحـدود الصينية والروسية، لا سيما بعد أن تردد مؤخرا أن التفاهم الأوربي الـروسي بشـأن انضـمام الاتحاد الروسي إلى منظمة التجارة الدولية ينطوي بالمقابـل عـلى وعـد روسي غـير معلن بالموافقة على ميثاق المناخ العالمي، وهي ضرورية ليسري مفعوله، بعد أن قاطعته الولايات المتحدة الأمريكية وهي المصدر الأكبر عالميا لتلويث البيئة بثاني أكسيد الفحم. وإذا التزمت موسكو بموجب هذا الميثاق بتخفيض نسبة انبعـاث هذا الغاز فيها فلا يُستبعد أن تُفتح الأبواب الروسية أمام تقنيات مصادر الطاقة البديلة، رغم موقع النفط الخام وتصديره في الاقتصاد الروسي.

ويمكن على ضوء المعطيات السياسية والاقتصادية تفسير الاهتمام الكبير من جانب ألمانيا بالمؤتمر الدولي المنعقد في بون، وبالعمل من أجل أن يحقق

نجاحا حاسما، ومن المفروض أن يصدر عنه بيان سياسي، وبرنامج عمل، وتوصيات عامة، على أن يتضمن البيان السياسي ذكر ما يتم الاتفاق عليه بين المشاركين فيه من التزامات وأهداف محددة لزيادة استغلال الطاقة البديلة إلى جانب العمل على توفير فرص متكافئة أفضل للوصول إلى الطاقة عموما، في البلدان النامية أيضا.

بينما يتضمن المشروع المقترح لبرنامج العمل سلسلة من الإجراءات العملية التي قدمها طواعية عدد من الدول والشركات المشاركة فيه، ويوجه المؤتمر في مجموعة توصياته الختامية الخطاب إلى سائر الحكومات والمنظمات المعنية والقطاع الاقتصادي على المستوى العالمي، إلى المشاركة في تبني ما يصدر عنه بشأن اعتماد الطاقة البديلة. ومن الأرجح الاتفاق أثناء المؤتمر على عقد سلسلة من المؤتمرات اللاحقة لمتابعة نتائجه وتطويرها مستقبلا، مع الأمل في انضمام مزيد من الحكومات والمنظمات والشركات إلى هذه المبادرة الدولية.

أكثر الطاقات البديلة دراسةً وتطويراً

❖ الطاقة العضوية والبيولوجية

على العكس من طاقة الرياح والشمس ومحطات الطاقة المائية الصغيرة، فان المخلفات والمواد العضوية والبيولوجية مثل الخشب والفحم الخشبي والمخلفات الزراعية كالقش وقشور الأرز والمخلفات البشرية والحيوانية ، ليست مجانية

ونظرا لأنها لا تتصف بطابع المركزية ويتم جمعها وتقديمها عادة من خلال الأعمال اليدوية البشرية فإنها ذات تكلفة معينة .

ومنذ نهاية سبيعينيات القرن الماضي وفي إطار التعاون الإنمائي الألماني مع الدول النامية يدعم إنتاج الطاقة العضوية هذه من المخلفات المتنوعة، حيث تمت

إقامة ما يزيد على عشرة آلاف منشأة خاصة بهذا الطاقة العضوية في كل من تونس والمغرب والسنغال وبوليفيا وجاميكا وكولومبيا وكينيا وبوروندي وتنزانيا وتركيا.

ففي هذه البلدان يحتل موضوع إدماج هذه المشاريع في الإطار الاجتماعي وتقبلها اجتماعيا وتمويلها اقتصاديا وماليا، يحتل مرتبة متقدمة من الاهتمام .

و يجدر بالذكر أن معظم المنشآت العضوية والبيولوجية ذات الحجم الصغير، تقوم المؤسسات الزراعية بالتعاون مع مؤسسة التعاون والعمل المشترك الألمانية بتجهيزها كي تعمل بالمخلفات المتنوعة وتستخدمها بنفسها أحيانا لتزود عبرها مئات المساكن بالطاقة الكهربائية والحرارية، وهناك تفكير لزيادة طاقة هذه المنشآت العضوية لتتمكن في نفس الوقت من استخدامها في مشاريع كبيرة .

ففي العاصمة السنغالية مثلا تم تزويد مركز كبير لذبح المواشي بمنشأة من هذا النوع تعمل بشكل جيد منذ أكثر من خمسة أعوام وفي بوليفيا تستفيد من هذه الطاقة حوالي ٣٠ قرية تضم ورش نجارة وحدادة صغيرة .

ووفر مشروع تعاوني ألماني لتركيا استخدام الغاز الفاسد في محطة طاقة مركزية لإنتاج الطاقة الكهربائية وكذلك الحرارة اللازمة للتدفئة، وتريد أنقرة الآن توسيع هذا التعاون كي يشمل مناطق في الشمال حيث لا تتوفر الطاقة الكهربائية للقرى بشكل منتظم .

وتتميز المنشآت العضوية بخاصية هامة، إذ أن فائدتها لا تقتصر على إنتاج الكهرباء والحرارة فقط بل تستخدم أيضا على سبيل المثال في مراكز تربية الحيوانات والماشية وفي المصانع الصغيرة للتخلص من المخلفات والقمامة أيضا .

وتعتمد إستراتيجية وزيرة الإنماء والتعاون الاقتصادي الاشتراكية هايدي ماري فيتشوريك تسويل على وجوب تسخير الإنسان لكل الطاقات المتوفرة التي تهدر من دون الاستفادة منها مثل المواد العضوية، فعلى الرغم من أن الحصول عليها ليس مجانا إلا أن تظل اقل كلفة من المواد الأخرى من اجل إنتاج الطاقة لذا يمكن اعتبارها من الطاقات المتجددة التي ستلعب دورا أساسيا في المستقبل .

إلا أن نسبة استخدام العالم العربي للمواد العضوية ما زالت متدنية جدا رغم توفرها لذا تقول الوزيرة يجب وضع خطة شاملة لها أسوة بالطاقات المتجددة الأخرى. فإذا ما استغلت بشكل منتظم وعملي يمكن سد حوالي ١٥ في المئة من الحاجة للطاقة ولا تتعدى نسبة اعتماد العالم العربي على الطاقة المتجددة الـ٣ في المئة على الرغم من توفر كل المعطيات للاعتماد عليها بنسبة اكبر مما هي عليه الآن .

❖ الطاقة النووية والذرية

هي الطاقة التي تنطلق أثناء انشطار أو اندماج الأنوية الذرية. تشكل الطاقة النووية ٢٠% من الطاقة المولدة بالعالم، العلماء ينظرون إلى الطاقة النووية كمصدر حقيقي لا ينضب للطاقة. وما يثير بعض المعارضة حول مستقبل الطاقة النووية هو التكاليف العالية لبناء المفاعلات، ومخاوف العامة المتعلقة بالسلامة، وصعوبة التخلص الآمن من المخلفات عالية الإشعاع. بالنسبة إلى التكلفة فهي عالية نسبيا من حيث بناء المفاعل ولكن تلك التكاليف تعوض بمرور الوقت حيث أن الوقود النووي رخيص نسبيا. وأما بالنسبة إلى المخاوف المذكورة فهي تُستغل من الأحزاب السياسية في الانتخابات بين مؤيدين ومعارضين بغرض الحصول

على مقاعد كثيرة في البرلمانات.أما التكنولوجيا النووية فلديها الاستعدادات لحل مسائل السلامة والتخلص السليم من النفايات المشعة.

الاشعاع النووي إن لم يكن قاتلا فهو يتسبب في عاهات وتشوهات وإعاقات تصعب معالجتها. وتنتج من تأثير الإشعاع النووي على مكونات الخلايا الحية نتيجة تفاعلات لا علاقة لها بالتفاعلات الطبيعية في الخلية. وحجم الجرعة المؤثرة يختلف حسب نوعية الكائنات فهناك حشرات تموت عندما تمتص أجسامها طاقة نووية تصل فقط ٢٠ جراي وحشرات لا تموت إلا عندما تصل الجرعة إلى حوالي ٣٠٠٠ جرَايْ (ضعف الجرعة السابقة ١٥٠ مرة). تأثر الثدييات يبدأ عند جرعة لا تزيد عن ٢ جْراي، والفيروسات تتحمل جرعة تصل ٢٠٠ جراي أي ضعف الجرعة المؤثرة على الثدييات ١٠٠ مرة.

وكمية النفايات المشعة نتيجة الانشطار النووي بمحطات إنتاج الكهرباء بالمفاعلات النووية محدودة مقارنة بكمية النفايات بالمحطات الحرارية التي تعمل بالطاقة الأحفورية كالنفط أو الفحم. فالنفايات النووية تصل ٣ ميليجرام لكل كيلو واط ساعة ٣ mg/kWh مقابل حوالي ٧٠٠ جرام ثاني أكسيد الكربون لكل كيلو واط ساعة بالمحطات الحرارية العادية لكن هذه الكمية الصغيرة جدا من الإشعاع النووي قد تكون قاتلة أو قد تتسبب في عاهات وتشوهات لا علاج لها. لهذا فإن جميع الدول التي تستخدم الطاقة النووية لإنتاج الطاقة الكهربائية تعمل على التخلص من تلك النفايات المشعة بدفنها في الطبقات الجيولوجية العميقة تحت سطح الأرض بعيدا عن الناس، وقد تستمر فاعلية الإشعاعات لقرون بل لآلاف السنين حتي يخمد هذا الإشعاع أو يصل إلى مستوى يعادل الإشعاع الطبيعي. لهذا يحاول العلماء حالياً توليد الطاقة النووية عن طريق الاندماج النووي بدلا من الانشطار

النووي الذي تنشطر فيه ذرات اليورانيوم وتعطي بروتونات ونيوترونات وجسيمات دقيقة، تُحول حركتها إلى حرارة في ماء التبريد ومن بخاره المرتفع الضغط تُولد الطاقة الكهربائية. ومشكلة توليد الكهرباء من المفاعلات النووية تتمثل في النفايات المشعة التي تسفر عن العملية. وهذه النفايات ضارة بالبشر ـ وهذا ما جعل العلماء يسعون للحصول علي الطاقة عن طريق تقنية الاندماج النووي التي تجري حاليا في الشمس والتي تسفر عن نفايات مشعة قليلة.

محطات الطاقة النووية

تعتبر محطات التوليد النووية نوعا من محطات التوليد الحرارية البخارية، حيث تقوم بتوليد البخار بالحرارة التي تتولد في فرن المفاعل. الفرق في محطات الطاقة النووية أنه بدل الفرن الذي يحترق فيه الوقود يوجد الفرن الذري الذي يحتاج إلى جدار عازل وواق من الإشعاع الذري وهو يتكون من طبقة من الآجر الناري وطبقة من المياه وطبقة من الحديد الصلب ثم طبقة من الأسمنت تصل إلى سمك مترين وذلك لحماية العاملين في المحطة والبيئة المحيطة من التلوث بالإشعاعات الذرية.

والمفاعل النووي تتولد فيه الحرارة نتيجة انشطار ذرات اليورانيوم بضربات النيوترونات. وتستغل هذه الطاقة الحرارية الهائلة في غليان المياه في المراجل وتحويلها إلى بخار ذات ضغط عال ودرجة حرارة نحو ٤٨٠ درجة مئوية. ثم يسلط هذا البخار ذو الضغط المرتفع (نحو ٣٨٠ ضغط جوي) على زعانف توربينات بخارية صممت ليقوم البخار السريع بتدوير محور التوربينات وبذلك تتحول الطاقة البخارية إلى طاقة ميكانيكية على محور هذه التوربينات. ويُربط محور التوربين مع محور المولد الكهربائي

فيدور محور المولد الكهربائي (ALTERNATOR)بنفس السرعة فتتولد على طرفي الجزء الثابت من المولد الطاقة الكهربائية.

كانت أول محطة توليد نووية في العالم نفذت في عام ١٩٥٤ وكانت في الاتحاد السوفيتي بطاقة ٥ ميجا واط. عندما توصل العلماء إلى تحرير الطاقة النووية من بعض العناصر كاليورانيوم والبلوتونيوم. فوقود المفاعلات النووية اليورانيوم المخصب بكمية تكفي لحدوث تفاعل انشطاري تسلسلي يستمر من تلقاء ذاته. ويوضع الوقود في شكل حزم من قضبان اليورانيوم طويلة داخل قلب المفاعل الذي هو عبارة عن غلاية كبيرة مضغوطة شديدة العزل ذات جدار سميك (نحو ٢٥ سنتيمتر من الفولاذ). ويتم الانشطار النووي بها لتوليد حرارة لتسخين المياه وتكوين البخار عال الضغط، الذي يدير زعانف التوربينات التي تتصل بمولدات كهربائية. ويتم ضبط معدل تشغيل المفاعل عن طريق إدخال قضبان تحكم في قلب المفاعل من مادة الكادميوم التي تمتص النيوترونات الزائدة. فكلما تم تقليل عدد النيوترونات في المفاعل كلما بطء معدل انشطار أنوية اليورانيوم.

وكان أول مفاعل نووي قد أقيم عام ١٩٤٤ في هانفورد بأمريكا لآنتاج مواد الأسلحة النووية وكان وقوده اليورانيوم الطبيعي. وكانت المادة المهدئة لسرعة النيوترونات ليست الماء وإنما الجرافيت، فكان ينتج البلوتونيوم لاستخدامة في صناعة القنابل الذرية. ولم تكن الطاقة المتولدة من المفاعل تُستغل. ثم بُنيت أنواع مختلفة من المفاعلات في كل أنحاء العالم لتوليد الطاقة الكهربائية. وتختلف في نوع الوقود والمبردات والمهدئات. وفي أمريكا يستعمل الوقود النووي في شكل أكسيد اليورانيوم المخصب حتى ٣ %باليورانيوم-٢٣٥ والمهدئ والمبرد من الماء النقي. وهذا النوع من المفاعلات يطلق عليها مفاعلات الماء الخفيف (أي الماء العادي).

تخصيب اليورانيوم

اليورانيـوم هـو المـادة الخـام الأساسـية للمشـروعات النوويـة المدنيـة والعسكرية. ويستخلص مـن طبقـات قريبـة مـن سـطح الأرض أو عـن طريـق التعدين من باطن الأرض. ورغم أن مادة اليورانيوم توجد بشكل طبيعي في أنحاء العالم، لكن القليل منه فقط يوجـد بشـكل مركـز كخـام. وحينمـا تنشـطر ذرات معينة من اليورانيوم في تسلسل تفاعلي بسمي بالانشطار النووي.، ويحدث ببطء في المنشآت النووية، وبسرعة هائلة في حالة تفجير سلاح نووي، وينجم عـن ذلك انطلاق للطاقة وفي الحـالتين يتعـين التـحكم في الانشطار تحكمـا بالغـا. ويكـون الانشطار النووي في أفضل حالاته حينما يتم استخدام النظائر من اليورانيوم-٢٣٥ (أو البلوتونيوم ٢٣٩)، والمقصود بالنظائر هـي الـذرات ذات نفـس الـرقم الـذري ولكـن بعـدد مختلـف مـن النيوترونـات، ويعـرف اليورانيـوم-٢٣٥ بـالنظير الانشطاري لميله للانشطار محدثا تفاعلا تسلسليا، يطلق الطاقة في صورة حرارية. وحينما تنشطر نواة ذرة مـن اليورانيوم-٢٣٥ فإنها تطلـق نيـوترونين أو ثـلاث نيوترونات. وحينما تتواجد إلى جانبها ذرات أخرى من اليورانيوم-٢٣٥ تصتدم بها تلك النيوترونات مما يؤدي لانشطار الذرات الأخرى، وبالتـالي تنطلـق نيوترونـات أخرى. ولا يحدث التفاعل النووي إلا إذا تـوافر مـا يكفـي مـن ذرات اليورانيـوم-٢٣٥ بما يسمح بأن تستمر هـذه العمليـة كتفاعـل متسلسل يتواصـل مـن تلقـاء نفسه. أو ما يعرف بـالكتلة الحرجة. غير أن كل ألف ذرة من اليورانيوم الطبيعي تضم سبع ذرات فقط مـن اليورانيـوم-٢٣٥ القادرة عـلى الانقسام. بينمـا تكـون الذرات الأخرى الـ٩٩٣ من اليورانيوم الأكثر كثافة ورقمه الذري يورانيوم-٢٣٨ فلا تتميز بخاصية الانقسام عند امتصاصها للنيوترون. ومفاعلات المـاء الخفيـف Light Water Reactors هـي نـوع مـن المفاعلات الإنشطارية النوويـة The Nuclear Fission Reactors التي تستعمل

في الولايات المتحدة الأمريكية وانجلترا واليابان وفرنسا وألمانيا والصين وكندا وبلجيكا لتوليد القوي الكهربائية وتستخدم الماء العادي كوسيط في تسخين الماء وتحويله إلى بخار عالي الضغط لتشغيل التوربينات لتوليد الكهرباء من المولدات .وهذا يتطلب تخصيب وقود اليورانيوم الخام Uranium Fuel Enrichment.

ويحتوي اليورانيوم الطبيعي على نسبة ٠،٧ % من يورانيوم-٢٣٥ وهو نظير ينشطر. وأما ٩٩،٣ %يورانيوم-٢٣٨ لا ينشطر. واليورانيوم الطبيعي يخصب ليصبح به ٢،٥- ٣،٥ % يورانيوم-٢٣٥ القابل للإنشطار في مفاعلات الماء الخفيف التي تعمل بالولايات المتحدة الأمريكية بينما مفاعلات الماء الثقيل The Heavy Waterالتي تعمل في كندا تستخدم اليورانيوم الطبيعي. وفي حالة التخصيب يتطلب تزويد المفاعل النووي ب ٣٠ طن من اليورانيوم المخصب إلى درجة ٣و٥ % لإمداد مفاعل واحد بالوقود النووي لمدة عام إذا كان يعمل بطاقة قدرها ١٠٠٠ ميجاوات .وعملية تخصيب اليورانيوم Uranium Enrichment تتم بتخلل مادة هكسافلوريد اليورانيومUranium Hexaflouride الغازية في حاجز من مادة مسامية فتزيد نسبة اليورانيوم-٢٣٥ في اليورانيوم من ٠و٧ % إلى نحو ٣و٥ % ويصلح للاستخدام في المفاعلات النووية. كما يمكن فصل مادة اليورانيوم-٢٣٥ الخفيفة بطريقة أخرى بواسطة آلات الطرد المركزي. ووقود اليورانيوم اللازم للمفاعلات الإنشطارية لا يصنع قنبلة ذرية لأنها تتطلب تخصيب أكثر من ٩٠ % للحصول علي تفاعل متسلسل سريع.

واليورانيوم والبلوتونيوم المخصبان بنسبة مرتفعة جدا يستخدمان في صنع القنابل النووية. لأن اليورانيوم المرتفع الخصوبة به نسبة عالية من اليورانيوم-٢٣٥ الغير مستقر والمركز صناعيا (المخصب). والبلوتونيوم Plutonium يصنع

نتيجة معالجة وقود اليورانيوم في المفاعلات الذرية أثناء عملها حيث تقوم بعض ذرات اليورانيوم (حوالي ١% من كمية اليورانيوم) بامتصاص نيترون neutronلإنتاج عنصر جديد هو البلوتونيوم الذي يستخلص بطرق كيميائية. ولصنع التفجير النووي يدمج اليورانيوم أو البلوتونيوم المخصبان بطريقة معينة بمتفجرات تقليدية تعمل على تكون كتلة الحرجة، وهذا الدمج يعمل على تكثيف المادة النووية آنيا فينتج التفاعل المتسلسل وينتج الانفجار النووي المدمر.

ويمكن تخصيب اليورانيوم بعدة طرق. ففي برنامج تصنيع الأسلحة النووية بأمريكا يتبع طريقة الانتشار الغازي the Gaseous Diffusion Methodبتحويل اليورانيوم إلي غاز هكسافلوريد اليورانيوم Uranium Hexafluorideحيث يضخ خلال غشاء يسمح لذرات يورانيوم-٢٣٥ بالمرور خلاله أكثر من بقية ذرات نظائر اليورانيوم وبتكرار هذه العملية في عدة دورات يرتفع تركيز اليورانيوم-٢٣٥ ليصنع منه الأسلحة النووية في الصين وفرنسا وبريطانيا والإتحاد السوفيتي الذي لجأ إلي طريقة تخصيب اليورانيوم بطريقة الطرد المركزي للغاز بالسرعة العالية بدلا من الانتشار الغازي وهذا ما اتبعته إيران .وهذه الطريقة يحول اليورانيوم لغاز هكسافلوريد اليورانيوم ويدخل في آلة طرد مركزي تدور بسرعة كبيرة. وبتاثير قوة الطرد المركزي تتجه ذرات اليورانيوم الأثقل من ذرات اليورانيوم-٢٣٥ للخارج ويتركز اليورانيوم-٢٣٥ بالوسط ليُسحب ويُفصل. وهذه الطريقة تستخدم لتخصيب اليورانيوم في الهند وباكستان وإيران وكوريا الشمالية.

وهناك طريقة التدفق النفاث المتبعة في جنوب أفريقيا وطريقة الفصل للنظير بالكهرومغناطيسية التي كان العراق يتبعها قبل حرب الخليج عام ١٩٩١. ويمكن استعمال طريقة التخصيب بالليزر لفصل اليورانيوم بتحويل المعدن إلى بخار

وبتسليط أشعة الليـزر عليـه فتثير ذرات اليورانيـوم-٢٣٥ والتـي تتجمـع وتتركز بالتأثير الإلكتروستاتيكي، وهذه التجربة تمت في كوريا الجنوبيـة عـام ٢٠٠٠ سرا.

أنواع المفاعلات

يطلق علي مفاعلات الإنشطار النووي The nuclear fission reactors في الولايـات المتحـدة الأمريكيـة مفـاعلات المـاء الخفيـف "light water reactors" عكس مفاعلات الماء الثقيل "heavy water reactors" في كندا. والمـاء الخفيـف هو الماء العادي الذي يسـتخدم في المفـاعلات الأمريكيـة كوسـيط لتقليـل سرعـة النيوترونات moderator ، وكمبرد وناقل للحرارة وتحويلها إلى بخار.ويحدث ذلك في غلاية كبيرة في شكل أسطواني رأسي، يبلغ قطرها ٥ مترات بارتفاع ٨ متر تسـمي غلاية المفاعل ذات جدار من الحديد الصلب بسمك ٢٥ سنتيمتر. فيرتفـع ضـغط البخار إلى نحو ٣٥٠ ضغط جوي ويكون في درجة حرارة نحو ٤٥٠ درجـة مئويـة. يوجه هذا البخار ليدير زعانف التوربينات التي تدير مولدات القـوي الكهربائيـة، واستعمال الماء العادي يتطلب تخصيب وقود اليورانيـوم لدرجـة بـين ٣و٠ % إلى ٣و٥ % بـاليورانيوم-٢٣٥، وكـلا النـوعين مـن المفـاعلات اللـذان يعمـلان بالمـاء الخفيف هما مفاعل الماء المضغوط Pressurized water reactor (PWR)حيث المـاء الـذي يسـير خـلال قلـب المفاعـل معـزول عـن التوربينـات. ومفاعـل المـاء المغـلي(Boiling water reactor BWR)يسـتخدم المـاء كمـبرد ومصـدر للبخـار الذي يدير التوربينات. ويطلق علي مفاعلات الإنشطار النووي في كنـدا مفـاعلات المـاء االتـم sحيـث يعمـل المـاء الثقيـل كوسـيط بالمفاعـل ويقـوم الـديوتيريوم deuterium، وهـو الإيـدروجين الثقيـل الموجـود في المـاء الثقيـل بتقليـل سرعـة النيترونات في التفاعل الإنشطاري المتسلسل.وهذا النوع من المفاعلات لايتطلب

وقود يورانيوم مخصب بل طبيعي ويطلق على هذه المفاعلات الكندية مفاعلات كاندو.CANDU

كما هناك نوع من المفاعلات النووية تعمل بدون ماءالتبريد، ويستخدم فيها غاز الهيليوم كوسط لخفض سرعة النيوترونات وكناقل للحرارة في نفس الوقت. من مميزات هذا النوع من المفاعلات الذرية أنها يمكن أن تعمل باليورانيوم الطبيعي أو الثوريوم وهو عنصر نووي توجد خاماته الأولية في كثير من البلاد. علاوة على ذلك فإن مفاعل الثوريوم يعمل في درجات حرارة عالية تصل إلى ٩٠٠ درجة مئوية، ولهذا يتمتع بكفاءة حرارية عالية. كما يمكن استغلال تلك الحرارة العالية مباشرة في بعض الإنتاجات الصناعية التي تتطلب درجات حرارة عالية. وقد طُور هذا النوع من المفاعلات التي تسمى مفاعلات الثوريوم عالية الحرارة بنجاح في ألمانيا.

انهاء الطاقة النووية

انهاء الطاقة النووية مصطلح يتم إطلاقه على عملية إغلاق محطات الطاقة النووية تدريجياً بشكل منظم من قبل بعض الدول التي تملك هذه المفاعلات، السبب في رغبة هذه الدول في انهاء الطاقة النووية على أراضيها هي النفايات النووية الضارة التي لا يمكن إعادة تصنيعها. وحاليا فقد بدأ العديد من الدول مثل السويد وألمانيا في إعادة نظرتها بالنسبة إلى قرارها السابق بشأن إنهاء الطاقة النووية، خصوصا بعد تفاقم مشكلة الانحباس الحراري على الأرض، بسبب تركيز إنتاج الطاقة الكهربائية بوساطة محطات القوي التي تعمل بالفحم والبترول، والتي تنتج قدرا هائلا من ثاني أكسيد الكربون، الذي يرفع بشكل مستمر درجة الحرارة على الأرض.

مفاعل سيزر

تمكن كلوديو فيلبون العالم النووي ومدير مركز الطاقة المتطورة في جامعة ميريلاند الأمريكية من ابتكار وتصميم مفاعل سيزر CAESAR المتطور لإنتاج الكهرباء دون التسبب في أي تلوث نووي، أو انتشار الإشعاعات النووية. عكس المفاعلات النووية التقليدية التي تدار بأذرع وقود اليورانيوم ٢٣٨ المزود بحوالي ٤% من اليورانيوم ٢٣٥. وعند اصطدام النيوترون بذرة اليورانيوم ٢٣٥، تنشطر إلى نويات وتنطلق كمية من الطاقة في شكل حرارة ومزيد من النيوترينات التي تصطدم بالذرات الأخرى. ويتحكم «الوسيط» بإدخاله بين قضبان الوقود ليبطأ بعض النيوترينات لتتحرك ببطء بدرجة كافية بحيث تعمل على انشطار أنوية الذرات. لكن بعد عامين أو ثلاثة من تشغيل المفاعل، تصبح ذرات اليورانيوم ٢٣٥ الباقية غير كافية فتظهر الحاجة إلى قضبان وقود جديدة. لكن مفاعل سيزر يعتمد على انشطار ذرات اليورانيوم ٢٣٨ داخل قضبان الوقود بواسطة نيوترونات تتحرك بسرعة مناسبة نتيجة وجود البخار كوسيط في المفاعل، بالتحكم في كثافته بدقة، لإبطاء مرور النيوترينات للحصول على الانشطار المطلوب من ذرة اليورانيوم ٢٣٨. وحدوث تفاعل نووي مصحوبا بانطلاق الطاقة وانطلاق مزيد من النيوترينات، التي تصطدم بدورها بذرة أخرى من اليورانيوم وهكذا. والمفاعل سيزر يمكن تشغيله لعقود دون الحاجة إلى إعادة تزويده بالوقود.

مفاعل البحوث

هناك مفاعلات البحوث وهي أبسط من مفاعلات الطاقة وتعمل في درجات حرارة ووقود أقل من اليورانيوم عالي التخصيب (٢٠% منU235)، على الرغم من أن بعضاً من المفاعلات البحثية الأقدم تستخدم ٩٣% من U235. وكمفاعلات

الطاقة يحتاج قلب مفاعل البحث للتبريد، ومهدئ من الماء الثقيل أو بالجرافيت لتهدئة النترونات وتعزيز الانشطار.و معظم مفاعلات البحث تحتاج أيضاً إلى عاكس من الجرافيت أو البيريليوم لتخفيض فقدان النترونات من قلب المفاعل. ومفاعلات البحث Research Reactors تستخدم للبحث والتدريب واختبار المواد أو إنتاج النظائر المشعة من أجل الاستخدام الطبي والصناعي. وهذه المفاعلات أصغر من مفاعلات الطاقة. ويوجد ٢٨٣ من هذه المفاعلات تعمل في ٥٦ دولة .كمصدر للنترونات من أجل البحث العلمي.

إلى أين ستقودنا المفاعلات النووية؟

إلى أين ستقودنا المفاعلات النووية؟.ولا سيما وأن الطاقة النووية تزود دول العالم بأكثر من ١٦% من الطاقة الكهربائية؛ فهي تمد ٣٥% من احتياجات دول الاتحاد الأوروبي. واليابان تحصل على ٣٠% من احتياجاتها من الكهرباء من الطاقة النووية، بينما بلجيكا وبلغاريا والمجر وسلوفاكيا وكوريا الجنوبية والسويد وسويسرا وسلوفينيا وأوكرانيا فتعتمد على الطاقة النووية لتزويد ثلث احتياجاتها من الطاقة. لأن كمية الوقود النووي المطلوبة لتوليد كمية كبيرة من الطاقة الكهربائية أقل بكثير من كمية الفحم أو البترول اللازمة لتوليد نفس الكمية . فطن واحد من اليورانيوم يقوم بتوليد طاقة كهربائية أكبر من ملايين من براميل البترول أو ملايين الأطنان من الفحم. والطاقة الشمسية كلفتها أكبر بكثير من تكاليف الطاقة النووية. ولا تطلق غازات ضارة في الهواء كغازات ثاني أكسيد الكربون أو أكسيد النتروجين أو ثاني أكسيد الكبريت التي تسبب الاحترار العالمي والمطر الحمضي والضباب الدخاني. ومصدر الوقود النووي (اليورانيوم) متوفر وسهل الحصول عليه ونقله، بينما مصادر الفحم والبترول محدودة.

وتشغل المحطات النووية لتوليد الطاقة مساحات صغيرة من الأرض مقارنة بمحطات التوليد التي تعتمد على الطاقة الشمسية أو طاقة الرياح .لكن استخدام الطاقة النووية يسبب إنتاج النفايات ذات الإشعاعية العالية .لذلك يخزَّن الوقود النووي المستهلك في أحواض مائية بغرض تبريدها، وامتصاص أشعتها الضارة وتخفيض درجة إشعاعيته. بعد ذلك يمكن تدويرها وإعادة معالجتها لاسترجاع اليورانيوم والبلوتونيوم التي لم تنشطر بعد، واستخدامهما من جديد كوقود للمفاعل أو في إنتاج الأسلحة النووية. وبعض العناصر الموجودة في النفايات مثل البلوتونيوم ذات إشعاعية عالية وتظل على ذلك لمدة آلاف السنين. ولا يوجد نظام آمن للتخلص من هذه النفايات، لكن مراكز البحوث النووية في جميع أنحاء العالم تعمل على ايجاد تكنولوجيا حديثة لحل تلك المسألة. وقد أبتليت المفاعلات النووية بسوء السمعة بسبب الحادث المروع الذي حدث في محطة الطاقة النووية في تشيرنوبل بأوكرانيا عام ١٩٨٦ والذي أدي إلى تسرب إشعاعي فظيع. فقد أدي إلى مقتل ٣١ شخصاً وتعريض مئات الآلاف للإشعاع الذي سيستمر تأثيره على أجيال قادمة.

مشروعات نووية حتي ٢٠٢٠

على الرغم من معارضات كثيرة للطاقة النووية فالعالم ينظر إلى الطاقة النووية للتقليل من الاعتماد على النفط والفحم والغاز لإنتاج الطاقة الكهربائية. وقد قدمت مجلة التايم الأمريكية بتاريخ ١٧ أغسطس ٢٠٠٩ العرض التالي عن المشروعات الدولية التي تطمع البلاد المختلفة في تنفيذها حتي عام ٢٠٢٠.

- ✓ الصين : يعمل بها ١١ مفاعل نووي، وتقوم حاليا بإنشاء ١٤ مفاعل، وتخطط لإنشاء ١١٥ مفاعل جديد.

✔ فرنسا: يعمل بها ٥٩ مفاعل نووي، وتقوم حاليا بإنشاء ١ مفاعل، وتخطط لإنشاء مفاعلين.

✔ الهند: يعمل بها ١٧ مفاعل نووي، وتقوم حاليا بإنشاء ٦ مفاعل، وتخطط لإنشاء ٣٨ مفاعل.

✔ اليابان: يعمل بها ٥٣ مفاعل نووي، وتقوم حاليا بإنشاء مفاعلين، وتخطط لإنشاء ١٤ مفاعل.

✔ روسيا : يعمل بها ٣١ مفاعل نووي، وتقوم حاليا بإنشاء ٨ مفاعل، وتخطط لإنشاء ٣٦ مفاعل

✔ أوكرانيا : يعمل بها ١٥ مفاعل نووي، وتخطط لإنشاء ٢٢ مفاعل.

✔ الولايات المتحدة الأمريكية : يعمل بها ١٠٤ مفاعل نووي، وتقوم حاليا بإنشاء مفاعل واحد، وتخطط لإنشاء ٣١ مفاعل.

كما تخطط الدول لأنشاء نحو ٢٠٠ مفاعل نووي بالإضافة إلى ما سبق حتى عام ٢٠٥٠.

الطاقة النووية والتسليح النووي

السلاح النووي هو سلاح تدمير فتاك يستخدم عمليات التفاعل النووي، يعتمد في قوته التدميرية على عملية الانشطار النووي أو الاندماج النووي ؛ ونتيجة لهذه العملية تكون قوة انفجار قنبلة نووية صغيرة أكبر بكثير من قوة انفجار أضخم القنابل التقليدية حيث أن بإمكان قنبلة نووية واحدة تدمير أو إلحاق أضرار فادحة بمدينة بكاملها، لذا تعتبر الأسلحة النووية أسلحة دمار شامل ويخضع تصنيعها واستعمالها إلى ضوابط دولية حرجة ويمثل السعي نحو امتلاكها هدفاً تسعى إليه كل الدول.

فُجرت أول قنبلة نووية للاختبار في ١٦ يوليو ١٩٤٥ في منطقة تدعى صحراء ألاموغوردو الواقعة في ولاية نيو مكسيكو في الولايات المتحدة وسميت القنبلة باسم القنبلة (أ) وكان هذا الاختبار بمثابة ثورة في عالم المواد المتفجرة والأسلحة المدمرة، وبهذه العملية فان شكلاً دائرياً صغيراً بحجم كف اليد يمكن أن يسبب انفجاراً تصل قوته إلى قوة انفجار يحدثه مئات الآلاف من الأطنان من مادة ال"تي إن تي."

استعملت القنبلة الذرية مرتين في تاريخ الحروب؛ وكانتا كلتاهما أثناء الحرب العالمية الثانية عندما قامت الولايات المتحدة بإسقاط قنبلة ذرية على مدينتي هيروشيما وناجازاكي في اليابان في أواخر أيام الحرب، أوقعت الهجمة النووية على اليابان أكثر من ١٢٠٬٠٠٠ شخص معظمهم من المدنيين وذلك في نفس اللحظة، كما أدت إلى مقتل ما يزيد عن ضعفي هذا الرقم في السنوات اللاحقة نتيجة التسمم الإشعاعي أو ما يعرف بمتلازمة الإشعاع الحادة، انتقدت الكثير من الدول الهجوم النووي على هيروشيما وناجازاكي إلا أن الولايات المتحدة زعمت أنها أفضل طريقة لتجنب أعداد أكبر من القتلى إن استمرت الحرب العالمية الثانية فترة أطول.

بعد الهجوم النووي على هيروشيما وناجازاكي وحتى وقتنا الحاضر؛ وقع ما يقارب ٢٠٠٠ انفجاراً نووياً كانت بمجملها انفجارات تجريبية واختبارات قامت بها الدول السبع التي أعلنت عن امتلاكها لأسلحة نووية وهي الولايات المتحدة والاتحاد السوفيتي (روسيا حالياً) وفرنسا والمملكة المتحدة والصين وباكستان والهند .هناك عدد من الدول التي قد تمتلك أسلحة نووية ولكنها لم تعلن عنها مثل إسرائيل وكوريا الشمالية وأوكرانيا، واتُهِمَت إيران مؤخراً من قبل عدد من الحكومات بأنها إحدى الدول ذات القدرة النووية .يُستخدم السلاح النووي في وقتنا الحاضر كوسيلة

ضغط سياسية وكوسيلة دفاعية استراتيجية، وتستعمل القدرة النووية أيضا استعمالات غير عسكرية للطاقة النووية.

أنواع الأسلحة النووية

هناك ثلاثة أنواع رئيسية من الأسلحة النووية وهي:

- **الأسلحة النووية الإنشطارية:** أحد أنواع الأسلحة النووية التي تكمن قوتها في عملية الأنشطار النووي لعنصر ثقيل مثل اليورانيوم ذو كتلة ذرية رقم ٢٣٥ يورانيوم-٢٣٥ وبلوتونيوم ذو كتلة ذرية رقم ٢٣٩ بلوتونيوم-٢٣٩ حيث تحفز هذه العناصر التقيلة على الأنشطار بواسطة تسليط حزمة من النيوترونات على نواتها والتي تؤدي إلى انشطارها إلى عدة اجزاء وكل جزء مكون بعد الأنشطار الأولي تمتلك من النيوترونات الخاصة بها ماتكفي لتحفيز انشطار اخر وتستمر هذه السلسلة من الأنشطارات التي تتم اجراءها عادة في المفاعلات النووية وكل عملية انشطار يؤدي إلى خلق كميات كبيرة من الطاقة الحركية، وتشمل الأنواع الفرعية (قنابل الكتلة الحرجة) بالإنجليزية قنابل المواد المخصبة.

- **الأسلحة النووية الإندماجية** وهي أحد أنواع الأسلحة النووية التي تكمن مصدر قوتها مع عملية الاندماج النووي عندما تتحد أنوية خفيفة الكتلة مثل عنصر الديتريوم وعنصر الليثيوم لتكوين عناصر أثقل من ناحية الكتلة حيث تتم تحفيز سلسلة من عمليات الاتحاد بين هذين العنصرين وتنتج من هذه السلسلة من عمليات الاندماج كميات كبيرة من الطاقة الحركية، ويطلق على القنابل المصنعة بهذه الطريقة اسم القنابل (الهيدروجينية) أو القنابل النووية الحرارية لأن سلسلة الاندماج المحفزة بين أنوية هذه العناصر الخفيفة تتطلب كميات كبيرة من الحرارة وتعتبر القنبلة النيوترونية والهيدروجينية من أهم أنواع الأسلحة النووية الاندماجية

[٢]، تستطيع القنابل الهيدروجينية أحداث أضرار بالغة تصل إلى ٥٠ ميجا طن (مليون طن) حققتها إحدى القنابل التجريبية التي اختبرها الاتحاد السوفيتي، إلا أن عائق الحجم والوزن وتحدي الربط برأس الصاروخ الناقل يجعل القنابل الهيدروجينية المسخدمة حالياً أقل قوة.

- **الأسلحة النووية التجميعية:** هي أحد أنواع الأسلحة النووية التي تتم صناعتها بخطوتين، تكمن فكرة هذا النوع من السلاح في تكوين مايسمى الكتلة الفوق حرجة ويتم هذا بدمج كتلتين كل منهما كتلة دون الحرجة. ولغرض دمجهما سويا يسلط ضغط هائل مفاجئ على الكتلتين فتندمجان لحظيا في كتلة واحدة فتصبح كتلتهما الكلية فوق الكتلة الحرجة وتنفجر القنبلة الذرية وينتج عنها كميات هائلة من الحرارة والطاقة الحركية، وتشمل الأنواع الفرعية :القنابل ذات الإنشطار المصوب، قنابل الإنشطار ذات الانضغاط الداخلي .

تأثيرات الانفجار النووي

يمكن تقسيم التأثيرات الناجمة عن الانفجار النووي إلى ثلاثة أنواع من التأثيرات:

- التأثيرات الناجمة عن انفجار القنبلة النووية
- التأثيرات الحرارية للقنبلة النووية
- التأثيرات الإشعاعية للقنبلة النووية

انتشار التسلح النووي في العالم

في الوقت الحاضر؛ توجد ٥ دول أعلنت أنها دول تمتلك أسلحة نووية، وقامت بتوقيع معاهدة الحد من انتشار الأسلحة النووية .وهذه الدول هي : الولايات

المتحدة والاتحاد السوفيتي (روسيا حاليا) وفرنسا والمملكة المتحدة والصين. هناك دولتان اعلنتا امتلاكهما لأسلحة نووية دون أن توقعا على معاهدة الحد من انتشار الأسلحة النووية وهما باكستان والهند. كوريا الشمالية أعلنت رسميا عن امتلاكها لأسلحة نووية لكنها لم تقدم أدلة ملموسة حول إجراء اختبار لقنبلتها النووية، ويحيط الكثير من الغموض بالملف النووي الكوري. وعلى النقيض من كوريا الشمالية كانت جنوب أفريقيا تمتلك في السابق ترسانة نووية لكنها قررت تدميرها.

هناك شكوك كبيرة في امتلاك إسرائيل لأسلحة نووية، غير أن الحكومات الأسرائيلية لم تعلن أو تنكر رسميا امتلاكها لأسلحة نووية حتى الآن. وجهت مؤخرا اتهامات إلى أيران من قبل الولايات المتحدة وبعض الحكومات الغربية بامتلاكها قنابل المواد المخصبة، وهي نوع من الأسلحة النووية الإنشطارية، ولكن إيران نفت هذه الاتهامات؛ ولايزال الجدل قائما حول سماح إيران لمنظمة الوكالة الدولية للطاقة الذرية بإجراء عمليات تفتيش على المفاعلات النووية الإيرانية.

فيما يلي أرقام قُدمت عام ٢٠٠٢ من قبل الدول ذات الكفاءة النووية نفسها؛ ويعتبر البعض هذه الأرقام أرقاماً لايمكن الاعتماد عليها لأنها لم تقدم من جهات عالمية محايدة:

الدولة	سنة اختبار القنبلة الأولى	عدد الرؤوس النووية
الولايات المتحدة الأمريكية	١٩٤٥	١٠،٥٠٠
روسيا	١٩٤٩	١٨،٠٠٠

بريطانيا العظمى وآيرلندا	١٩٥٢	٢٠٠
فرنسا	١٩٦٠	٣٥٠
الصين	١٩٦٤	٤٠٠
الهند	١٩٧٤	٩٠-٦٠
باكستان	١٩٩٨	٤٨-٢٨
جمهوريــة كوريــا الشــعبية الديمقراطية	المعلومات غير متوفرة	١٨-٠

دول قد تمتلك اسلحة نووية

هناك اعتقاد بأن هذه الدول قد تمتلك قنبلة نووية واحدة على الأقل:

- إسرائيل، لإسرائيل مفاعل نووي يسمى مفاعل ديمونة وتصر إسرائيل على أنهـا تسـتعمله لأغـراض سـلمية. في عـام ١٩٨٦ كشـف أحـد العلـماء الإسرائيليين واسمه مردخاي فعنونو معلومات عن مفاعل ديمونة ونتيجة لذلك تم اختطافه واعتقاله من قبل الموساد الآسرائيلي. وهنـاك اعتقـاد سائد بأن إسرائيل قد قامت في عام ١٩٧٩ باجراء تفجير اختباري دون أن تتوفر الأدلة لإثبات هذه المزاعم.

- إيران، وقعت إيران عـلى معاهـدة الحـد مـن انتشار الأسـلحة النوويـة؛ وتصر أيضا على لسان وزير خارجيتها كـمال خـرازي ان مفاعلهـا النـووي تستعمل لأغراض سلمية فقط، ولكنها أعلنت انها شغلت أكثر من ٦٠٠٠ جهاز طرد مركزي في ٢٠٠٨ وهذا ما أثار قلق الغرب.

- جمهورية كوريا الشعبية الديمقراطية، انسحبت من معاهدة الحد من انتشار الأسلحة النووية في ١٠ يناير٢٠٠٣ ، وفي فبراير ٢٠٠٥ أعلنت عن امتلاكها لأسلحة نووية فعالة، لكن انعدام الاختبار أثار الشكوك حول هذه المزاعم.

دول كانت تمتلك أسلحة نووية في السابق

- أوكرانيا
- بيلاروسيا ورثت ٨١ رأسا نوويا من الاتحاد السوفيتي ولكنها تخلت عنها عام ١٩٩٦ ونُقلت إلى روسيا.

- كازاخستان، ورثت ١٤٠٠ رأسا نوويا من الاتحاد السوفيتي ولكنها تخلت عنها عام ١٩٩٥ ونُقلت إلى روسيا.

- جنوب إفريقيا، أنتجت ٦ قنابل نووية في الثمانينيات ولكنها تخلت عنها وقامت بتدميرها في التسعينيات.

دول قادرة على بناء ترسانة نووية

يُعتقد أن الدول المذكورة أدناه قادرة على بناء قنبلة نووية خلال سنوات في حال اتخاذ حكوماتها قرارات بهذا الشأن، علماً بأن كل هذه الدول قد وقعت على معاهدة الحد من انتشار الأسلحة النووية:

- كندا، اليابان، إيطاليا، ليتوانيا، هولندا، وهذه الدول لديها مفاعلات نووية تستعمل لأغراض مدنية أو بحثية.

معاهدات عدم انتشار الأسلحة النووية

تـم تأسـيس الوكالـة الدوليـة للطاقـة الذريـة لتحفيـز تطـوير الاسـتخدام السلمي للطاقة النووية ومراقبة المنشآت التابعة لها

بـرزت منـذ الخمسـينيات أصـوات مناهضـة لعمليـات الاختبـار والتسـلح النووي، حيـث أُجـري منـذ ١٦ يونيـو ١٩٤٥ وحتـى ٣١ ديسـمبر ١٩٥٣ أكـثر مـن خمسين انفجاراً نووياً تجريبياً، مـما حـدا بـالكثير مـن الشخصيات العالميـة إلى التعبير عن رفضها لهذه الأفعال، ومن أبرزها جواهر لال نهرو رئيس وزراء الهنـد آنذاك والذي دعـى إلى الـتخلي عـن إجـراء أي اختبـارات نوويـة، دون أن تلقـى دعواته آذاناً صاغية من القوى العظمى آنذاك بسبب انهماكها في تفاصيل الحرب الباردة.

بـدأت أولى المحـاولات للحـد مـن الأسـلحة النوويـة في عـام ١٩٦٣؛ حيـث وقعت ١٣٥ دولـة عـلى اتفاقيـة سُـميت معاهـدة الحـد الجـزئي مـن الاختبـارات النووية وقامت الأمم المتحدة بالإشراف عـلى هـذه المعاهـدة؛ علـماً بـأن الصـين وفرنسا لم توقعا على هذه المعاهدة وكانتا من الدول ذات الكفاءة النووية.

في عام ١٩٦٨ تم التوقيع على معاهدة الحد من انتشـار الأسـلحة النوويـة، ولكن باكستان والهند وهما دولتان تملكان الأسلحة النوويـة لم توقعـا عـلى هـذه المعاهدة، وانسحبت كوريا الشمالية منها في عام ٢٠٠٣.

في ١٠ سـبتمبر ١٩٩٦ فُتِحَـت مُعاهـدة جديـدة للتوقيـع سَـميت معاهـدة الحد الكلي من إجراء الاختبـارات النوويـة وفيهـا مُنِـع أجـراء أي تفجـير للقنابـل النووية؛ حتى لأغراض سلمية. تم التوقيع على هذه المعاهـدة مـن قبـل ٧١ دولـة حتى الآن، لكن لغرض تحويل هذه المعاهدة إلى قرار عملي فإنه يجب أن يصدق عليه من قبل كل

الدول الأربع والأربعين التالية :الجزائر والأرجنتين وأستراليا والنمسا وبنغلاديش وبلجيكا والبرازيل وبلغاريا وكندا تشيلي والصين وكولومبيا وكوريا الشمالية وجمهورية الكونغو الديمقراطية ومصر وفنلندا وفرنسا وألمانيا وهنغاريا والهند وإندونيسيا وإيران وإسرائيل وإيطاليا واليابان والمكسيك وهولندا والنروج وباكستان وبيرو وبولندا ورومانيا وكوريا الجنوبية وروسيا وسلوفاكيا وجنوب إفريقيا وإسبانيا والسويد وسويسرا وتركيا وأوكرانيا والمملكة المتحدة والولايات المتحدة وفيتنام والسعودية.

إلى هذا اليوم قامت بعض الدول الأربع والأربعين التي يجب أن تُصادِق على المعاهدة بالتوقيع. لم توقع الهند وباكستان وكوريا الشمالية، وقامت دول أخرى بالتوقيع ولكنها لم تتخذ قرارا بالتصديق على المعاهدة؛ وهذه الدول هي الصين وكولومبيا ومصر وإيران وإسرائيل والولايات المتحدة وإندونيسيا وفيتنام، ولا يتوقع ان تقوم اي من هذه الدول بالتصديق على المعاهدة في المستقبل القريب حيث تشهد معظم هذه المناطق توترا سياسيا يحول دون التصديق على هذه المعاهدة.

❖ الطاقة الهيدروجينية

الهيدروجين أحد أهم العناصر الكيميائية، ويتميز بأنه عديم الطعم واللون والرائحة. ويرمز للهيدروجين بالحرف H.

تعتبر ذرة الهيدروجين أخف وأبسط ذرة معروفة، حيث إنها تتكون من بروتون واحد فقط (يحمل شحنة موجبة) وإلكترون واحد (يحمل شحنة سالبة). عدده الذري(١) ، ووزنه الذري (١،٠٠٧٩).

اشتُق اصطلاح الهيدروجين من كلمتين إغريقيتين تعنيان: مُكّوِن الماء، حيث يحتوي جزيء الماء على ذرتين من الهيدروجين وذرة واحدة من الأكسجين.

يعتبر الهيدروجين العنصر التاسع من حيث وفرته في القشرة الأرضية، حيث يُكوّن تقريبا ١% من القشرة. ويوجد معظم الهيدروجين متحداً مع العناصر الأخرى، ولكن وجود عديد من تجمعات الهيدروجين الحر كان سببًا في حدوث انفجارات عنيفة في مناجم الفحم تحت سطح الأرض. وتتركب معظم أجزاء الشمس والعديد من النجوم من الهيدروجين.

ويتحد الهيدروجين مع العناصر الكيميائية الأخرى في خلايا النباتات والحيوانات بمثل ما هو في الماء. وتتركب الهيدروكربونات، التي تعد واحدة من أهم أنواع المركبات، من الهيدروجين والكربون. فالنفط والغاز الطبيعي على سبيل المثال، يتكونان من خليط متنوع من الهيدروكربونات. كما تحتوي الأحماض الشائعة، والعديد من القلويات وكذلك العديد من المركبات الأخرى على الهيدروجين.

اكتشف العالم الإنجليزي، هنري كافندش، خواص الهيدروجين، ومَيزه عنصرًا عام١٧٦٦ م. ويمكن تكثيف الهيدروجين إلى سائل يغلي عند درجة حرارة -٢٥٧،٨٧°م ويتجمد عند درجة حرارة -٢٥٩،١٤°م.

يمكن إنتاج الهيدروجين معمليًا بالتحليل الكهربائي للماء. انظر:التحليل الكهربائي. وعند استخدام التحليل الكهربائي، يقوم التيار الكهربائي بتحليل الماء إلى عنصريه، غازي الهيدروجين والأكسجين.

تُنتج كميات كبيرة من الهيدروجين تجارياً بوصفه منتجًا ثانويًا عند تصنيع الصودا الكاوية باستخدام التحليل الكهربائي للماء المالح، ولكن معظم الهيدروجين ينتج تجارياً بتمرير بخار الماء على فحم ساخن أو حديد أو بتفاعل البخار مع الغاز الطبيعي في وجود عامل حفّاز.

يتحد الهيدروجين مباشرة مع العديد من الفلزات النشطة، ولكن تُصنع معظم مركبات الهيدروجين بطرق غير مباشرة. وتنطلق كمية كبيرة من الحرارة نسبياً عند اتحاد ذرتين من الهيدروجين لتكوين جزيء منه. وقدرة الهيدروجين على الاشتعال مكنته من أن يكون مفيداً في إنتاج العديد من المركبات. فعلى سبيل المثال، ينفجر خليط من الهيدروجين والأكسجين بعنف عند اشعاله بشرارة . ويشتعل الهيدروجين بلهب حار منتجاً الماء في وجود هواء أو أكسجين. ويشتعل الكلور في وجود الهيدروجين مكوناً غاز كلوريد الهيدروجين عديم اللون .HCL كما يعرف محلول كلوريد الهيدروجين في الماء بحمض الهيدروكلوريك.

تُصنع كميات كبيرة من غاز النشادر NH٣ بعملية هابر باتحاد الهيدروجين والنيتروجين. وتحُضّر بقية مركبات الهيدروجين بطرق غير مباشرة من ضمنها مركبات فوق أكسيد الهيدروجين (H٢O٢) وحمض الخل (CH٣COOH)والكحول الأثيلي (C٢H٥OH). ويتحد الهيدروجين مباشرة مع العديد من المركبات تحت ظروف مناسبة. فيتحد الهيدروجين مع أول أكسيد الكربون (CO) بطريقة باترت مكوناً الميثانول أو كحول الخشب (CH٣OH). ويتحد أيضا مع الدهون السائلة مكوناً شحوماً صلبة.

وتدعى هذه الطريقة بالهدرجة،وتستخدم لتحويل الزيوت النباتية إلى سمن شبه صلب يستخدم في الطهي.

ومقدرة الهيدروجين على إنتاج حرارة عند اتحاده مع الأكسجين، جعلته وقوداً جيداً. وقد طور العلماء في بعض الدول مثل كندا، واليابان، والولايات المتحدة الأمريكية، والاتحاد السوفييتي (سابقًا) طرقًا لاستخدام الهيدروجين مصدرًا للطاقة، وماتزال الأبحاث في هذا المجال جارية. فالوقود الهيدروجيني على سبيل المثال، يوفر الطاقة للمحرك الرئيسي ـ في نظام العربة المدارية للمكوك الفضائي لان الطاقة الكهربية المتحررة من دمج عنصري الماء وهما الهيدروجين والاكسجين اكبر من تلك التى تستخدم فى خلية تحليل الماء للحصول على الهيدروجين والاكسجين.

ففي تلك المركبة تم استخدام الدائرة المغلقة لوقود الماء = وقود الهيدروجين فتوجد وحدة لتحليل الماء كهربيا الى خزانين واحدلتخزين الاكسجين والثانى لتخزين الهيدروجين.

ويتم استهلاك هذا الرصيد من الغازات فى خلية الدمج الكهربي فيتم اعادة اتحاد الاكسجين مع الهيدروجين منتجا الكهرباء اللازمة لتشغيل كافة اجهزة المركبة وشحن بطارياتها و يكون ناتج الدمج هو الماء الذى يتم تجميعه وتبريده لوضعه مرة اخرى فى خلية التحليل للماء.

و الولايات المتحدة الأمريكية تستخدم إحدى وحدات الطاقة، الوقود الهيدروجيني لإنتاج الكهرباء في مدينة نيويورك. وقد صمم المهندسون سيارات تجريبية تسير بالوقود الهيدروجيني. وعند تفاعل الفحم مع الهيدروجين كيميائياً يمكن تكوين البترول، أو زيت الوقود، أو الغاز الطبيعي المصنّع.

يجب التفرقـة بين الطاقـة الهيدروجينيـة الناتجـة عـن ترويض القنبلـة الهيدروجينيـة ذات الإنـدماج النـووي و طاقـة الهيـدروجين أو تكنولوجيـا الهيدروجين الناتجة عن الاتحاد الكيميائي بـين الهيـدروجين والأكسـجين في خلايا الوقود لإنتاج التيار الكهربي.

سيكون الهيدروجين بحق الوقود الأبدي الذي لا ينفذ مع مر العصور، كـما أنه العنصر الوحيد الذي لا ينتج عند احتراقـه أي انبعاثات ضارة للبيئـة، بـل إن الانبعاثات الصادرة عنه هي كل ما نسعى إليه مثل الكهرباء أو الحرارة أو المـاء النقي! إننا عـلى أعتـاب انقـلاب اقتصادي وسياسي جديد قوامه الهيدروجين، انقلاب سيحدث تغيـيرا جـذريا في طبيعـة الأسـواق الماليـة والظروف السياسـية والاجتماعية، تماما مثلما فعل الفحم والبخار عند بداية عصر الصناعة.

وتعني الطاقة الهيدروجينية الطاقة العظيمة الناتجة عن الإندماج النووي، بعد أن استطاع الإنسان التفجير النووي في الحرب العالميـة الثانيـة ضد اليابان بقنبلتي هيروشيما ونجازاكي، ونجح الاتحاد السوفييتي أيضا في الوصول إلى تلك التكنولوجيا الرهيبة، بدأت الولايات المتحدة مشروع لإنتاج قنبلة أكبر من القنبلـة الذرية وإنتاج القنبلة الهيدروجينية. وتسابق كل من الولايات المتحدة الأمريكيـة والاتحاد السوفييتي على صنع قنابل مـن هـذا النـوع أكبر. وبينـما كانت قنبلـة هيروشـيما تقدر قوتها بــ ٢٠,٠٠٠ طـن مـن متفجـرTNT ، توصلت أمريكا والسوفييت إلى قنابل هيدروجينية تقدر قوتها وقدرة تدميرها بملايين الأطنان من تي إن تي.

بعد ذلك بدا التفكير في تـرويض القنبلتين الذريـة والهيدروجينيـة، ونجح الإنسان في بناء المفاعلات النووية التي تنتج الطاقة الكهربائية. وتوجد في العالم

اليـوم نحـو ٧٥٠ مفاعـل لإنتـاج الطاقـة الكهربائيـة مـن الطاقـة النوويـة المخزونة في اليورانيوم. وبالمثل تحاول الـدول في ترويـض الطاقـة الهيدروجينيـة وتسخيرها لتوليد الطاقة الكهربائية.

الهيدروجين: طاقة اقتصادية وصديقة للبيئة

بدأ فريق من العلماء في الـدول الصناعيـة الكبـرى في البحـث عـن مصـدر طاقـة يعتمدون عليه ، و يجب أن يكون هذا المصدر صديقاً للبيئة، غيـر ملـوث لهـا، ويحقـق الاكتفـاء في مجـال الطاقـة مـن خـلال تـوافره محليـا. على الرغم من أن مصادر الطاقة الأخرى كطاقة الريـاح، والطاقة الشمسية، قـد تكون لها الأولوية في إشباع حاجات البشرية، فـإن طاقـة الهيدروجين تبـدو، مـع ذلك، هي المرشح الأكثر تأهيلاً لتوفير متطلبات الدول في مجال الطاقة .

فقد اكتشف "لاني شميدت" الكيميائي بجامعة " مينيسـوتا " ، وثلاثـة مـن زملائه، عمليـه علميـة تستطيع أن تتغلب على عدة عقبات من تلـك التـي تواجه قيـام اقتصـاد الهيدروجين مثـل التكلفـة العاليـة لتصـنيع الهيدروجين.. وتأثيـر الهيدروجين على تسخين الأرض، والكيفية التي يمكن بها استخدام الهيدروجين بطريقة فعالة وآمنة في السيارات.

والعمليـة الجديـدة التـي ورد تحقيـق عنهـا في مجلـة " العلـم والحيـاة" الفرنسية ، تفتح آفاق الأمل بشـأن التوصل إلى أرخص وأكفـأ طريقـة لاستخراج الهيدروجين، تم اكتشافها حتى الآن.

ونظراً إلى أن غـاز الهيدروجين يوجد عـادة في صـورة مركبـة.. فلابـد مـن استخلاصه أولاً وفصله عن العناصر الأخرى حتى يصبح قابلاً للاستخدام.

والعملية الجديدة تقوم على ذلك أي استخلاص الغاز وفصله عن عنصر ـ" الايثانول " باستخدام " الروديوم " و" السيريا " وهي فلزات نادرة تستخدم كعوامل مساعدة في عملية التحويل الكيميائي للغاز.

ويمكن لهذه العملية أن تقلل من تكلفة استخلاص الهيدروجين من الغاز الطبيعي، والتي تتراوح حالياً ما بين ٤ إلى ٨ دولار للكيلو غرام الواحد، لتصبح حوالي ٢ دولار تقريباً، الأمر الذي يجعل تكلفة استخلاص واستخراج الهيدروجين مساوية لتكلفة استخراج أرخص وسائل الطاقة وهو الفحم

\وهذه الطريقة الجديدة يمكن استخدامها - نظرياً - لتزويد محطات القوى والسيارات بالوقود اللازم. ومن المعروف أن الطريقة الأكثر شيوعا لتصنيع الهيدروجين الصناعي اليوم هي تلك التي يتم من خلالها فصله عن الغاز الطبيعي من خلال عملية يطلق عليها اسم عملية "إعادة تكوين البخار.." وهي عملية تتطلب درجات حرارة عالية جداً، وأفراناً كبيرة، والكثير من الطاقة، حتى يتم القيام بها.

وعملية " شميدت" عملية حرارية ذاتية بمعنى أنها هي التي تقوم بإنتاج حرارتها بنفسها. ولهذا السبب تحديداً، فإن الجهاز المستخدم فيها لا يتجاوز في حجمه، واحداً على المئة من حجم أنظمة تحويل البخار، التي تتطلب قدراً أقل بكثير من الطاقة لاستخراج الهيدروجين من الإيثانول.

ومن الإضافات الجديدة لطريقة شميدت أنها لا تساهم في التسخين الحراري لكوكب الأرض. فعندما يتم استخراج الهيدروجين من الإيثانول، واستهلاكه بعد ذلك في خلايا الوقود فإن نواتجه الفرعية، وهي ثاني أكسيد الكربون والماء، يتم امتصاصها من قبل محاصيل الذرة التي تتم زراعتها لإنتاج المزيد من الإيثانول في

الجو. والمحصلة النهائية لتلك العملية هي أنه يتم تماما تجنب حدوث أية انبعاثات لثاني أكسيد الكربون في الجو.

وحول هذه النقطة يقول " شميدت": "أعتقد أن هذه الطريقة سوف تستخدم في المناطق الزراعية أولاً بعيداً عن شبكات الطاقة في المدن. ومع ذلك، وبمرور الوقت، فإن كل منطقة من مناطق العالم سيكون لديها نظامها الخاص للطاقة من هذا النوع، مما سيوفر عليها بناء مصانع ضخمة لتوليد الطاقة." ويمكن إجراء تعديل على هذه العملية، بحيث تصبح صالحة للاستخدام في السيارات أيضاً خصوصاً إذا ما عرفنا أن أكبر عقبة تواجه تصنيع سيارات تعمل بطاقة الهيدروجين لا تتمثل في تقنية خلايا الوقود، ولكنها تتمثل في مدى القدرة على إنتاج، أو تخرين كميات كافية من الهيدروجين.

"إذا ما كانوا سيستطيعون حقاً إنتاج الهيدروجين بطريقة فعالة من الإيثانول.. فإن ذلك سيمثل اختراعاً مهماً..". هذا ما يقوله " جون دو سيسكو " الزميل بمعهد الدفاع البيئي في نيويورك ، والذي كتب بحوثاً عديدة حول تقنية استخدام خلايا الوقود في السيارات.

ويضيف : "من أكبر المشكلات التي تواجه السيارات التي تعمل بطاقة خلايا الوقود، تلك الخاصة بتخزين الهيدروجين في السيارة.. بيد أن البحث الذي قدمه شميدت وزملاؤه.. يوحي بأن هذا العائق قد أصبح ممكنا حله."

وعلى رغم السجال الدائر حول هذا الموضوع بين الجهات العلمية المختصة، فإن الكثيرين من الباحثين يأملون في أن يتم استخدام الهيدروجين في النهاية - وبعد التغلب على كافة العقبات - في توفير الطاقة التي نحتاجها في المستقبل وذلك نظراً لما يتوافر له من مزايا لا تتوافر لأنواع الوقود الأخرى ومنها على سبيل المثال:

١- أنه غاز عديم اللـون والطعـم والرائحـة، مسـامي الشـكل، يوجـد في الظـروف الطبيعية على كوكب الأرض.

٢- أنه أكثر العناصر توافرا في الكون حيث يشكل ٩٠ في المئة تقريبا مـن الـوزن الإجمالي له. كما أنه نادرا ما يوجد في صورة نقية نظراً لقابليته للاختلاط مع غـيره من العناصر بسهولة.

٣- أنه مصدر طاقة أكثر كفاءة من المصادر التقليدية. فكمية الطاقة التي ينتجها الهيدروجين في وحدة الوزن الواحدة، تعادل ثلاثة أضعاف كميـة الطاقـة المنتجـة من وحدة وزن مماثلة لأي مصدر طاقة آخر، وتزيد هذه الكمية لتصل إلى سبعة أضعاف كمية الطاقة المستخرجة من الفحم.

٤- أنه لا تنتج عن احـتراق الهيـدروجين أيـة انبعاثـات لثـاني أكسـيد الكربـون أو الكبريت في الجو.

الفصل الثالث......

الطاقة في الوطن العربي واستخدامها

استهلاك الطاقة وفرص ترشيد استخدامها في القطاع الصناعي في الدول العربية

الاستهلاك النهائي للطاقة

يعتبر النفط والغاز الطبيعي المصدرين الرئيسيين للطاقة الأولية في الدول العربية، وقد بلغ إجمالي استهلاك الطاقة الأولية في الدول العربية في عام ٢٠٠٤ حوالي ٤,١٨٥ مليون برميل مكافئ نفط (ب.م.ن.)* في اليوم من النفط والمشتقات النفطية و ٣,٢١٨ مليون ب.م.ن. في اليوم من الغاز الطبيعي، بينما بلغ استهلاك الطاقة الكهربائية حوالي ٤٦١ ألف جيجاوات ساعة (ج.و.س) [(١)]، ويعتمد إنتاج الكهرباء بشكل رئيسي على النفط والغاز الطبيعي إذ تشكل هذه المصادر نسبة ٩٨,١ في المائة من مصادر الطاقة المنتجة للكهرباء بينما لا تتجاوز نسبة مساهمة المصادر المائية حوالي ١,٩ في المائة في حين لا تشكل مساهمة مصادر الطاقة المتجددة والمصادر الأخرى نسبة تذكر في الوقت الراهن.

وتتباين نسبة الاستهلاك النهائي للطاقة إلى استهلاك الطاقة الأولية، فهي متدنية في الدول المنتجة للبترول (٥٣-٦٥ في المائة)، حيث يتم استهلاك كميات كبيرة في عمليات التحويل في المصافي ومحطات التوليد الكهربائية وترتفع هذه النسبة لتصل إلى حوالي ٧٠ في المائة في مصر والأردن، و٧٥ في المائة في سورية. وقد مثل النفط ما نسبته ٦٢,٣٩ في المائة من الاستهلاك النهائي للطاقة في حين ساهم الغاز الطبيعي بنسبة ٢٣,٧١ في المائة، والكهرباء ١٣,٤٣ في المائة والفحم ٠,٤٦ في المائة، كما يتضح ذلك في الجدول (١).

---

[١] الإسكوا، المجموعة الإحصائية، العدد ٢٥، الفصل الخامس، ٢٠٠٥

* كل برميل مكافئ نفط = ١٣٦,٦ كيلوجرام مكافئ نفط

الجدول (١)

توزع نسب الاستهلاك النهائي للطاقة على المصادر والقطاعات في الدول العربية في عام ٢٠٠٢

	القطاع الصناعي %	قطاع النقل العام %	القطاعات الأخرى %	المجموع %
النفط	١٨,١٢	٢٥,٨٠	١٨,٤٧	٦٢,٣٩
الغاز الطبيعي	١٤,٣٨	-	٩,٣٣	٢٣,٧١
الكهرباء	٢,٥٦	٠,٠٣	١٠,٨٥	١٣,٤٣
الفحم	٠,٤٦	-	-	٠,٤٦
المجموع	٣٥,٥٢	٢٥,٨٣	٣٨,٦٥	١٠٠

المصدر: ٢٠٠٢ Energy Balances and Electricity Profiles, UN, New York, ٢٠٠٥

حصة قطاع الصناعة من الاستهلاك النهائي للطاقة

يعتبر القطاع الصناعي أكبر القطاعات المستهلكة للطاقة في الدول العربية حيث قدرت حصته من الاستهلاك النهائي للطاقة في عام ٢٠٠٢ بحوالي ٣٥,٥٢ في المائة. وتباينت هذه النسبة بين الدول العربية حيث ارتفعت إلى حوالي ٨٤,٦ في المائة في دولة قطر و ٧٢,٥ في المائة في دولة الإمارات العربية المتحدة نظراً للاستهلاك الكبير في الصناعة النفطية. وقد ساهم النفط والمنتجات البترولية بما نسبته ٥١ في المائة من هذا الاستهلاك، والغاز الطبيعي بما نسبته ٤٠,٥ في المائة والكهرباء بنسبة ٧,٢ في المائة. ويبين الجدول (٢) تطور نسبة استهلاك القطاع

الصناعي إلى الاستهلاك النهائي للطاقة في عدد من الدول العربيـة خـلال الفترة ١٩٩٩-٢٠٠٢.

الجدول (٢)

تطور نسبة استهلاك القطاع الصناعي* من الاستهلاك النهائي للطاقة خلال الفترة ١٩٩٩-٢٠٠٢ في عدد من الدول العربية

الدولة	١٩٩٩	٢٠٠٠	٢٠٠١	٢٠٠٢
المملكة الأردنية الهاشمية	٢٤,٨	٢٤,٧	٢٤,٠٢	٢٣,٢٥
دولة الإمارات العربية المتحدة	٧٢,٢٤	٧١,٣٨	٧٣,١٤	٧٢,٥
الجمهورية التونسية	٢٩,٢٢	٣١	٣١,١	٣٠
جمهورية الجزائر الديمقراطية	٤٠,٤٤	٤١,٤٢	٤٢,٣	٤٣,١٥
الجماهيرية العربية الليبية العظمى	٢٥,٣	٢٥,٢٥	٢٣,٤	٢٣,٢
المملكة العربية السعودية	٣٢,٩٨	٣٢,٢٧	٣١,٨	٣٣,٤٧
الجمهورية العربية السورية	٤٦,٤٤	٤٦,٣٣	٤٢,٨	٤٣,٥[١]
سلطنة عُمان	٥٧,٩٧	٦٢,٧	٦٣,٧٧	٦٤,٤
دولة قطر	٨٢,٨٨	٨٤,٢٣	٨٤,٠٣	٨٤,٦
دولة الكويت	٥٨,٦٧	٦٠,٨٥	٥٦,٥٤	٥٧,٩
المملكة المغربية	٢٧,١	٢٧,٢	٢٧,٤٤	٢٨,٧٥
جمهورية مصر العربية	٤٥,٤	٣٥,٢٥	٣٨,١٣	٣٩,٢[٢]

الجمهورية اليمنية	٦,٧	٦,٥٢	٦,١٥	٦

المصدر: Energy Balances and Electricity Profiles, UN, ٢٠٠٢
New York, ٢٠٠٥

مؤشرات استهلاك الطاقة في عدد من الصناعات في الدول العربية

تصنف الصناعات وفق التصنيف المعياري الصناعي العالمي (The ISIC-International Standard Industrial Classification). إلى ثلاث مجموعات:

(أ) استخراج المصادر الطبيعية
(ب) التحويل إلى مواد خامية
(ج) صناعة المنتجات النهائية (الصناعات التحويلية).

وللسهولة تم تصنيف هذه الصناعات في مجموعتين أساسيتين هما: الصناعات الإستخراجية والصناعات التحويلية. وفيما يلي عرض بعض مؤشرات استهلاك الطاقة في عدد من هذه الصناعات الرئيسية المتوافرة في الدول العربية.

١- الصناعات الاستخراجية

تشمل الصناعات الاستخراجية صناعة استخراج النفط والغاز الطبيعي، واستخراج الخامات المعدنية وغير المعدنية. وتمثل عمليات إنتاج ونقل وتكرير ومعالجة النفط والغاز الطبيعي المستهلك الرئيسي للطاقة في القطاع الصناعي العربي، إذ يتطلب إنتاج النفط والغاز الطبيعي كميات كبيرة من الطاقة لعمليات الاستخراج والمعالجة والنقل، حيث تستهلك في تشغيل مضخات إنتاج المواد الهايدروكربونية، والمياه المرافقة، وتوفير الحرارة اللازمة لعمليات فصل النفط المستخرج، وإنتاج البخار اللازم لعمليات الاستخراج المدعم، وتشغيل مضخات إعادة حقن المياه ونقل النفط المنتج عبر الأنابيب، وتشغيل ضواغط إعادة حقن الغاز الطبيعي المنتج أو تصديره عبر الأنابيب، وتأمين الوقود اللازم لمجموعات

توليد الطاقة الكهربائية المستخدمة في عمليات التشغيل، وتغذية التجمعات السكنية العاملة في هذا المجال.

ويتباين استهلاك الطاقة بشكل واسع وفقاً للظروف المحلية وشروط التشغيل، ويتم عادة إنتاج الطاقة اللازمة في العديد من الحقول من الغاز الطبيعي المنتج محلياً الذي يستخدم كوقود في مجموعات التوليد الكهربائية، والضواغط. وفي الحالات التي تكون فيها إمدادات الغاز الطبيعي محدودة يتم شراء الطاقة الكهربائية من مصادر خارجية. ووفق دراسة للجمعية العالمية لإنتاج النفط والغاز الطبيعي[٢] وتؤمن مصادر الطاقة المنتجة محلياً حوالي ٧٧ في المائة من إجمالي الطاقة المستهلكة.

وتعتبر صناعة استخراج النفط والغاز الطبيعي ونقلهما إلى مراكز التكرير والاستهلاك من الصناعات كثيفة الاستهلاك للطاقة، وقدر الوسطي العالمي لاستهلاك الطاقة في إنتاج النفط والغاز الطبيعي بحوالي ١,٣٥ جيجاجول/طن هايدرو كربون منتج في عام ٢٠٠٤[٣]، وقد بلغ إنتاج النفط وسوائل الغاز الطبيعي في الدول العربية حوالي ١٢٣٢ مليون طن م.ن. في عام ٢٠٠٤ كما بلغ إنتاج الغاز الطبيعي ٣٢١ مليار م٣. ووفقاً لهذا المعدل فان إنتاج النفط والغاز الطبيعي استهلك حوالي ١٥٢٥,٢ مليون جيجاجول لإنتاج النفط أي ما يعادل ٣٦,٤ مليون طن م.ن. و٣٥٥,٤ مليون جيجاجول لإنتاج الغاز الطبيعي أي ما يعادل ٨,٥ مليون ط.م.ن..

٢- <u>الصناعات التحويلية</u>

وتصنّف هذه الصناعات في ثلاث مجموعات هي:

---

٢ **International Association of Oil & Gas Producer, Environmental Performance in the E & P Industry, ٢٠٠٤/Report.٣٧٤, Nov. ٢٠٠٥**

(أ) الصناعات كثيفة الاستهلاك للطاقة (High Energy Consuming Industry) وتتضمن الصناعات الكيميائية، والمعدنية، والغذائية، وصناعة الـورق، والزجاج، ومواد البناء.

(ب) الصناعات منخفضة الاستهلاك للطاقة وذات القيمة المضافة العالية (High Value-added and Low-energy Consuming Industries) وتتضمن صناعة وسائط النقل والآليات الصناعية والأجهزة الكهربائية، والحواسب الإلكترونية.

(ج) الصناعات منخفضة الاستهلاك للطاقة (Low-energy Consuming Industries) وتتضمن صناعة النسيج، والتبغ، والطباعة، والبلاستيك، وصناعة الجلود والمنتجات الجلدية. وفيما يلي عرض لعدد من الصناعات التحويلية المتوافرة في الدول العربية.

(أ) **صناعة الألمنيوم** تعتبر من الصناعات كثيفة الاستهلاك للطاقة الكهربائية حيث يقدر الاستهلاك النوعي للطاقة بين ١٤,١ - ١٩,٣ ميجاوات ساعة للطن المنتج من الألمنيوم[٣]. وتعتبر مادة الألمنيوم من اكثر المواد قابلية لإعادة التدوير ولمرات عدة، ويمكن أن تحقق عمليات إعادة التدوير وفرا في الطاقة المستخدمة يصل إلى ٩٥ في المائة. وتوجد صناعة الألمنيوم في مملكة البحرين، وفي دولة الإمارات العربية المتحدة، وتخطط دولة قطر لإنشاء مصهر ألمنيوم. كما تدرس المملكة العربية السعودية إمكانات استغلال خامات الألمنيوم المتوافرة لديها وإنشاء مصهر للألمنيوم[٤]. كما يوجد في عدد من الدول العربية مصانع للألمنيوم تنتج مقاطع مختلفة باستخدام المواد الخام المستوردة والألمنيوم المستعمل.

(ب) **الصناعات الغذائية والمشروبات** هي صناعات متشعبة ومتعددة الأنواع والتقنيات، وتتوافر في كافة الدول العربية بأحجام مختلفة، تـتراوح بيـن شركات كبيرة ومنشات عائلية صغيرة. وقد بينـت بعـض الدراسـات أن استهلاك هذه

---

[٣] China's Industrial Sector in an International Context. May ٢٠٠٠. http://ieslbl.gov /iespubs/٤٦٢٧٣.pdf.

[٤] التقرير الاقتصادي العربي الموحد، أيلول/سبتمبر ٢٠٠٤.

الصناعات من الطاقة يمثل نسبة ١٣,٤ في المائة من إجمالي استهلاك القطاع الصناعي من الطاقة في الجمهورية اللبنانية[(٥)] و٨ في المائة من إجمالي استهلاك القطاع الصناعي في جمهورية مصر العربية في عام ١٩٩٨. ويقدر متوسط الاستهلاك النوعي للطاقة في الصناعات الغذائية المصرية بـِ ٨٤ كجم م.ن./طن[(٦)]. وقدرت الوفورات في استهلاك الطاقة الممكن تحقيقها في هذه الصناعات في جمهورية مصر العربية بنسبة ٢٢-٤٥ في المائة، وتتباين كلفة الطاقة نسبة إلى الكلفة الكلية للإنتاج، فتتراوح بين ٣,٥ في المائة في لبنان و ٥,١٥ في المائة في سورية، و ١٠ في المائة في مصر.

(ج) **الصناعات النسيجية** يستخدم الديزل والكهرباء كمصادر للطاقة في هذه الصناعة ويتباين استهلاك الطاقة فيها تبايناً كبيراً حيث يتراوح استهلاك البخار من ١٠- ٤٠ كجم لكل كجم ألبسة كما يقدر وسطي الاستهلاك النوعي للطاقة الكهربائية بين ٤,٦٣ ك.و.س لكل كجم من الغزول ويصل إلى ١١,٧٦ ك.و.س. لكل كجم من الأقمشة الجاهزة[(٧)]. وتتراوح كلفة الطاقة بين ٥-٢٠ في المائة من كلفة الإنتاج وفقاً لنوع المنتج وأسعار الطاقة[(٨)].

(د) **صناعة الإسمنت** توجد هذه الصناعة في كافة الدول العربية كونها من الصناعات الأساسية التي تتطلبها أعمال البناء والتشييد، وتعتبر من الصناعات كثيفة الاستهلاك للطاقة حيث يقدر الاستهلاك النوعي الوسطي لإنتاج طن من الإسمنت بحوالي ١٠٠-١٥٠ كجم مكافئ نفط، حسب طريقة التصنيع المستخدمة. وتشكل كلفة الطاقة فيها ٤٠- ٦٠ في المائة من كلفة الكلية للإنتاج. وبلغ استهلاك

---

٥ United Nations Economic and Social Commission for Western Asia. *Efficient Use of Energy in the Industrial Sector: An Analysis of Options for Selected ESCWA Member States*, New York ٢٠٠١

٦ د.صلاح قنديل، أنماط استهلاك الطاقة والمؤشرات البيئية في قطاع الصناعات الغذائية في جمهورية مصر العربية، جهاز تخطيط الطاقة، ١٩٩٥.

٧ C. Visvanathan, *Energy and Environmental Indicators in the Thai Textile Industry*, Asian Institute of Technology.

٨ استهلاك المشتقات النفطية والكهرباء في شركات القطاع العام الصناعي في الجمهورية العربية السورية خلال عام ٢٠٠٢ - الصناعات النسيجية.

إجمالي صناعة الإسمنت من الطاقة عالمياً في عام ٢٠٠٣، حوالي ٢,١ في المائة من إجمالي الطلب على مصادر الطاقة الأولية، بينما بلغ هذا الاستهلاك في الدول العربية حوالي ١١ في المائة من إجمالي الطلب على الطاقة في القطاع الصناعي.

(هـ) **صناعة الحديد والصلب** تتوافر هذه الصناعة بشكل رئيسي في جمهورية مصر العربية والمملكة العربية السعودية حيث يشكل إنتاجهما من المنتجات الوسيطة والنهائية حوالي ٦٤ في المائة من إنتاج الدول العربية[٩]. ويقدر الاستهلاك النوعي الوسطي العالمي للطاقة في صناعة الحديد بـِ ٦٠٠ كجم مكافئ نفط للطن. بلغ الاستهلاك العالمي للطاقة في صناعة الحديد في عام ٢٠٠٣، حوالي ٥,٥ في المائة من إجمالي الاستهلاك العالمي لمصادر الطاقة الأولية، وبلغ في الدول العربية ما يعادل عشرة في المائة من استهلاك الطاقة في القطاع الصناعي في هذه الدول.

(و) **صناعة الأسمدة** تعتبر من الصناعات كثيفة الاستهلاك للطاقة لوحدة المنتج حيث يحتاج الطن من الأسمدة الآزوتية إلى ما لا يقل عن طن من المواد الهايدروكربونية ويستخدم الغاز الطبيعي بشكل رئيسي كمادة مغذية وكوقود. ويقدر استهلاك الطاقة في صناعة الأسمدة في الدول العربية بحوالي ٨ مليون طن مكافئ نفط في عام ٢٠٠٣. وتشكل كلفة الطاقة في صناعة الأسمدة الآزوتية ما يزيد عن ٨٠ في المائة من إجمالي كلفة الإنتاج.

(ز) **صناعة الزجاج** تعد من الصناعات المنتشرة في معظم الدول العربية حيث يتم إنتاج أنواع متعددة من المصنوعات الزجاجية كالزجاج المسطح وزجاج المستوعبات وتعد صناعة الزجاج من الصناعات كثيفة الاستهلاك للطاقة لوحدة المنتج. ويقدر وسطي الاستهلاك النوعي العالمي بحوالي ٤٠٠ كجم .م.ن./طن

---

٩ **United Nations Economic and Social Commission for Western Asia. *Efficient Use of Energy in the Industrial Sector: An Analysis of Options for Selected ESCWA Member States,* New York ٢٠٠١**

زجاج. ويقدر الطلب على الطاقة في صناعة الزجاج في دول الإسكوا بحوالي ١ مليون طن مكافئ نفط سنوياً أي ما يعادل واحد في المائة من إجمالي الطلب على الطاقة في القطاع الصناعي.

(ح) الصناعات الهايدروكربونية تعتبر صناعة تكرير النفط من الصناعات المهمة في الدول العربية حيث تقدر طاقة مصافي التكرير في دول الإسكوا في عام ٢٠٠٤ بحوالي٧٫٣ مليون برميل يومياً تمثل ٨٫٦ في المائة من طاقة التكرير العالمية[١٠] وتلحظ خطط العديد من الدول العربية وخاصة المنتجة للنفط، إقامة مشاريع لإنشاء مصافي جديدة أو تطوير المصافي القائمة وتحسين مواصفات المنتجات النفطية، وتستهلك مصافي التكرير النظامية (Standard complex refinery) ٦-٧ في المائة من كمية النفط الخام المعد للتكرير لتأمين احتياجاتها الذاتية، لذلك يمكن اعتبار هذه الصناعة من الصناعات الرئيسية المستهلكة للطاقة في الدول العربية. كما تشهد صناعة الغاز الطبيعي تطوراً متزايداً حيث تم تنفيذ العديد من مشاريع معالجة الغاز وتسييله ونقله، وتلحظ الخطط الحالية والمستقبلية التوسع في صناعة الغاز لدى الدول العربية المنتجة له.

(ط) الصناعات البيتروكيميائية تتزايد القدرة التنافسية للصناعات البتروكيميائية العربية لاعتمادها على الغاز الطبيعي كمادة مغذية رخيصة نسبيا بالمقارنة مع النافتا المستخدمة في أوروبا لهذا الغرض، وتعتبر هذه الصناعات كثيفة الاستهلاك للطاقة حيث يتراوح الاستهلاك النوعي للطاقة في المنشآت الحديثة ١٣٣٠ كجم.م.ن. للطن في صناعة البولي اتيلين ويصل إلى ١٩٤٦ كجم.م.ن للطن من مادة البولي فينيل كلورايد،[١١] وبلغ مجمل الإنتاج في عام ٢٠٠٠ في

١٠ الإسكوا، المجموعة الإحصائية، العدد ٢٤ لعام ٢٠٠٥.

١١ China`s Industrial Sector in an International Context. May ٢٠٠٠.
http://ies.lbl.gov/iespubs/٤٦٢٧٣.pdf.

الدول العربية حوالي ٣٢ مليون طن ويتوقع أن تصل طاقة الإنتاج إلى اكثر من ٥٠ مليون طن في عام ٢٠١٠ [١٢].

كثافة استهلاك الطاقة في القطاع الصناعي في الدول العربية

تسمى كمية الطاقة المستهلكة لكل دولار من الناتج المحلي الإجمالي (جرام م.ن./دولار) بكثافة استهلاك الطاقة وتعبر عن الكفاءة التي تستهلك فيها الطاقة في الدولة، كما تسمى الكمية المستهلكة لكل دولار من القيمة المضافة التي يحققها قطاع الصناعات التحويلية في الناتج المحلي الإجمالي (جرام م.ن./دولار) عن كثافة استهلاك الطاقة في هذا القطاع، وتعبر عن مدى الكفاءة التي تستهلك فيها الطاقة في هذا القطاع.

يبين الجدول (٣) تغير كثافة استهلاك الطاقة في الدول العربية، وكثافة استهلاك الطاقة في قطاع الصناعات التحويلية في هذه الدول خلال الفترة ١٩٩٨-٢٠٠٣، حيث يتضح أن استهلاك قطاع الصناعات التحويلية من الطاقة قد بلغ في عام ٢٠٠٣ حوالي ٩٥,٤ مليون ط.م.ن. وبلغت القيمة المضافة لهذا القطاع في الناتج المحلي الإجمالي في نفس السنة حوالي ٧٨,٦ مليار دولار وبالتالي يتضح أن كثافة استهلاك الطاقة في هذا القطاع تساوي ١٢١٣ جرام م.ن./للدولار. في حين أن هذه الكثافة كانت في عام ١٩٩٨ في فرنسا ٣٥٠ جرام م.ن./دولار. وفي اليابان ١٨٠ غرام/دولار [١٣].

[١٢] التقرير الاقتصادي العربي الموحد، أيلول/سبتمبر ٢٠٠٤.
[١٣] د.محمد الهواري، "إمكانيات ترشيد استخدام الطاقة في القطاع الصناعي في الدول العربية: حالات دراسية"، مؤتمر الطاقة العربي السابع ١١-١٤ أيار/مايو ٢٠٠٢.

الجدول (٣)

تغير كثافة استهلاك الطاقة في قطاع الصناعات التحويلية في الدول العربية خلال الفترة ١٩٩٨-٢٠٠٣

التسمية	الوحدة	١٩٩٨	١٩٩٩	٢٠٠٠	٢٠٠١	٢٠٠٢	٢٠٠٣
الناتج المحلي الإجمالي (١)	مليار دولار	٥٨٦,٤٩	٦٢٩,٤	٧٠٨,٩	٦٦٢	٦٧١,٧	٧٢٢,٩
استهلاك الطاقة الأولية (٢)	مليون ط.م.ن.	٣١٣	٣٢٥	٣٤٠	٣٤٩	٣٥٧	٣٦٤
كثافة استهلاك الطاقة	جرام م.ن./دولار	٥٣٣	٥١٦	٤٧٩	٥٢٧	٣٥١	٥٠٣
القيمة المضافة للصناعات التحويلية (١)	مليار دولار	٦٧,٩	٧١,٤٧	٧٦,٤٣	٧٧,٦	٧٨,٩	٧٨,٦
نسبة القيمة المضافة للصناعات التحويلية من الناتج المحلي الإجمالي	%	١١,٥٧	١١,٣٥	١٠,٧٨	١١,٧٢	١١,٧٤	١٠,٨٧
حصة قطاع الصناعات التحويلية من	مليون ط.م.ن.	٨٢,٧٥	٨٣,٥٣	٨٨,١	٩٠,٩	٩٣,٤	٩٥,٤

							الطاقة [3]
٢٦,٢	٢٦,١٦	٢٦	٢٥,٩١	٢٥,٧	٢٦,٤٣	%	النسبة المئوية لقطاع الصناعات التحويلية
١٢١٣	١١٨٣	١١٧١	١١٥٢	١١٦٨	١٢١٨	جرام م.ن./دولار	كثافة استهلاك الطاقة في قطاع الصناعات التحويلية

المصدر: (١) التقرير الاقتصادي العربي الموحد، أيلول/سبتمبر ٢٠٠٤.

(٢) الإسكوا، المجموعة الإحصائية رقم ٢٤ لعام ٢٠٠٥.

الاستهلاك النوعي للطاقة في عدد من الصناعات في عدد من الدول العربية والعالمية

يمثل الاستهلاك النوعي للطاقة في صناعة ما، كمية الطاقة المستهلكة لوحدة المنتج من هذه الصناعة وأن استخدام الطاقة بكفاءة عالية يتطلب العمل على تخفيض الاستهلاك النوعي للطاقة بقدر الإمكان. يبين الجدول (٤) الاستهلاك النوعي للطاقة في عدد من الصناعات كثيفة الاستهلاك للطاقة في عدد من الدول العربية ومقارنتها مع مثيلاتها في الولايات المتحدة وأوروبا والهند والصين واليابان، وفق ما توافر من معلومات.

الجدول (٤)

الاستهلاك النوعي للطاقة في عدد من الصناعات التحويلية كثيفة الاستهلاك للطاقة في عدد من الدول العربية والعالمية

كجم

م.ن./طن

الدولة	الإسمنت	الحديد	الأسمدة			الزجاج	النسيج	السكر
			الأمونيا	اليوريا	الفوسفات الثلاثي			
الأردن	١٠٦	-						
الإمارات	١٤٦							
سورية	١٣٦	٢٣٦	٩٠٠	١٤٩٤	١٦٧	٥٥٧		
لبنان	١٣٢			-		٣٧٢		
مصر	١٢٢	٧٤٤	١١٨٦[٢]	٧٥٧		٥٠٠[*]	٢٢٧٠[*]	١٥٢[*]
أمريكا	١٢٥	٦٢٠						
أوروبا			٨٦٠	٥٢٨	٦٠			
الهند	٩٥	٧٨٨						
الصين	١٢٧	٨٦٠						
اليابان	٨٧	٣٨١						

المتوسط العالمي	١١٠	٥٧٠	٩٤١	٦٦٠	٨٠	٤٠٠(*)	١٧٢٥(*)	٩٥(*)
أحدث التقنيات	٩٣		٦٨٥	٤٥٨	٦٩			

المصدر: الإسكوا، "تحسين كفاءة الطاقة في الصناعات الكثيفة الاستهلاك للطاقة، (E/ESCWA/SDPD/٢٠٠٥/١(Part I))

* الإسكوا، تحسين كفاءة استخدام الطاقة من منظور إقليمي في دول الإسكوا، ١٩٩٨. (E/ESCWA/ENR/١٩٩٧/١٣)

الفرص المتاحة لترشيد الطاقة في قطاع الصناعات التحويلية العربية

تشكل الطاقة العصب الأساسي لكل الصناعات وتعتبر بشكليها الكهربائي والبترولي (النفط والغاز الطبيعي) العامل الاقتصادي الرئيسي- والمهم في كلفة وحدة الإنتاج الصناعي وتمثل كلفتها في بعض الصناعات حوالي ٦٠ في المائة من الكلفة الإجمالية للمنتج (صناعة الإسمنت مثلاً) من هنا تظهر أهمية التركيز على ترشيد استهلاك الطاقة وتحسين كفاءة استخدامها في قطاع الصناعة بشكل عام وفي عدد من الصناعات كثيفة الاستهلاك للطاقة بشكل خاص. وقد بينت الدراسات وتقارير التدقيق الطاقي في عدد من المنشات الصناعية العربية وخاصة في القطاعات كثيفة الاستهلاك للطاقة تبايناً كبيراً في كثافة استهلاك الطاقة في قطاع الصناعات التحويلية من جهة وفي الاستهلاك النوعي لوحدة المنتج في صناعة ما، بالمقارنة مع المؤشرات العالمية من جهة أخرى. وبالرجوع إلى الجدولين ٣ و ٤ يتضح ما يلي:

١- تدني نسبة القيمة المضافة لقطاع الصناعات التحويلية في الناتج المحلي الإجمالي للدول العربية فهي تتراوح بين ١٠,٨٧-١١,٧٤ في المائة فقط من إجمالي هذا الناتج، بينما تتجاوز في الدول الصناعية الأوروبية وفي اليابان ٢٠ في المائة، في حين يشكل استهلاك الطاقة في هذا القطاع حوالي ٢٦,٢ في المائة من إجمالي الطاقة الأولية المستهلكة وهي نسبة عالية بالمقارنة مع القيمة المضافة المتحققة.

٢- ارتفاع كثافة استهلاك الطاقة في قطاع الصناعات التحويلية حيث بلغ حوالي ١٢٠٠ جرام مكافئ نفط لكل دولار من القيمة المضافة لهذا القطاع بما يتجاوز عدة أضعاف هذه القيمة في الدول الصناعية المتقدمة، وهذا ناجم عن عدة عوامل أهمها: (أ) أن الصناعات التحويلية العربية تتركز في صناعات كثيفة الاستهلاك للطاقة وذات قيمة مضافة متدنية مثل صناعات الإسمنت والأسمدة والصناعات النسيجية والغذائية، في حين تتضاءل مساهمة الصناعات ذات القيمة المضافة العالية وقليلة الاستهلاك للطاقة كالصناعات الإلكترونية وصناعة تكنولوجيا المعلومات؛ (ب) ارتفاع معدل الاستهلاك النوعي في معظم الصناعات العربية وذلك بسبب قدم التقنيات المستخدمة، وعدم ايلاء الاهتمام الكافي لبرامج تحسين كفاءة استخدام الطاقة؛ (ج) الدعم الواسع لتعريفة بيع مصادر الطاقة والنفط والغاز الطبيعي والكهرباء للقطاع الصناعي.

٣- وجود فرص كبيرة لترشيد استهلاك الطاقة وتحسين كفاءة استخدامها في الصناعات التحويلية في الدول العربية حيث أن كثافة استهلاك الطاقة في هذا القطاع ١٢١٣ جرام م.ن./دولار أكثر من ضعف القيمة العامة لمتوسط كثافة استهلاك الطاقة في الدولة والتي كانت في عام ٢٠٠٣ تساوي ضعف ونصف هذه القيمة في فرنسا و ٢,٧٩ أضعاف هذه القيمة في اليابان.

٤- إن المتوسط العالمي لاستهلاك الطاقة في صناعة الإسمنت ١١٠ كجم م.ن./طن، في حين أنه في إحدى مصانع الإسمنت في دولة الإمارات

العربية المتحدة يساوي ١٤٦ كجم م.ن./طن أي ١,٣٣ أضعاف المتوسط العالمي، مما يتيح فرصة للترشيد تصل إلى ٢٥ في المائة مقارنة بالمتوسط العالمي و ٣٦ في المائة مقارنة بأفضل التقنيات الحالية. وقد بلغ الاستهلاك النوعي للطاقة في أحد مصانع الإسمنت في الجمهورية العربية السورية ١٣٦ كجم م.ن./طن أي ١,٢٤ أضعاف المتوسط العالمي، مما يتيح فرصة لتوفير ١٩ في المائة من الاستهلاك النوعي للطاقة مقارنة بالمتوسط العالمي و ٣٢ في المائة من هذا الاستهلاك النوعي مقارنة بأحدث التقنيات.

وبلغ الاستهلاك النوعي للطاقة في الجمهورية اللبنانية ١٣٢ كجم م.ن./طن، أي ١,٢ أضعاف المتوسط العالمي مما يعني توافر فرصة للترشيد بحدود ١٧ في المائة من الاستهلاك النوعي للطاقة مقارنة بالمتوسط العالمي. وبحدود ٣٠ في المائة مقارنة بأحدث التقنيات.

وبلغ الاستهلاك النوعي للطاقة في إحدى مصانع إسمنت جمهورية مصر- العربية ١٢٢ كجم م.ن./طن، أي ١,١١ أضعاف المتوسط العالمي مما يتيح فرصة للترشيد تساوي ١٠ في المائة مقارنة بالمتوسط العالمي و ٢٤ في المائة مقارنة بأحدث التقنيات. وقد فاقت صناعة الإسمنت في اليابان أحدث التقنيات حيث بلغ الاستهلاك النوعي للطاقة ٨٧ كجم م.ن./طن.

٥- إن المتوسط العالمي للاستهلاك النوعي للطاقة في صناعة الحديد ٥٧٠ كجم م.ن./طن ولكنه بلغ في جمهورية مصر- العربية ٧٤٤ كجم م.ن./طن أي ١,٣ أضعاف المتوسط العالمي مما يتيح فرصة لترشيد استهلاك أكثر من ٢٣,٣ في المائة من الاستهلاك النوعي للطاقة في مصر- مقارنة بالاستهلاك العالمي.

٦- إن المتوسط العالمي للاستهلاك النوعي للطاقة في صناعة الأمونيا ٩٤١ كجم م.ن./طن ولكنه بلغ ١١٨٦ كجم م.ن./طن في جمهورية مصر العربية مما يتيح فرصة ترشيد ٢١ في المائة من كمية الاستهلاك النوعي للطاقة مقارنة بأفضل التقنيات في حين أن صناعة الأمونيا في أوروبا قد سبقت المتوسط العالمي إذ أصبح الاستهلاك النوعي للطاقة في هذه الصناعة ٨٦٠ كجم م.ن./طن.

٧- إن المتوسط العالمي للاستهلاك النوعي للطاقة في صناعة اليوريا ٦٦٠ كجم م.ن./طن في حين أنه بلغ في الجمهورية العربية السورية ١٤٩٤ كجم م.ن./طن أي ٢,٢٦ أضعاف المتوسط العالمي، مما يتيح فرصة لترشيد استهلاك ٦٠ في المائة من الاستهلاك النوعي للطاقة مقارنة بالمتوسط العالمي وأكثر من ٦٩ في المائة مقارنة بأحدث التقنيات، في حين أن هذه الصناعة في أوروبا قد سبقت المتوسط العالمي إذ أصبح الاستهلاك النوعي ٥٢٨ كجم م.ن./طن.

٨- إن المتوسط العالمي للاستهلاك النوعي للطاقة في صناعة الزجاج ٤٠٠ كجم م.ن./طن في حين أنه بلغ في الجمهورية العربية السورية ٥٥٧ كجم م.ن./طن أي ما يعادل ١,٣٩ أضعاف المتوسط العالمي مما يتيح فرصة لترشيد استهلاك ٢٨,٢ في المائة من الاستهلاك النوعي للطاقة في سوريا مقارنة بالمتوسط العالمي كما بلغ هذا الاستهلاك النوعي في جمهورية مصر العربية ٥٠٠ كجم م.ن./طن، أي ١,٢٥ أضعاف المتوسط العالمي مما يتيح فرصة لترشيد ٢٠ في المائة من الاستهلاك النوعي للطاقة مقارنة بالمتوسط العالمي.

٩- إن المتوسط العالمي للاستهلاك النوعي للطاقة في صناعة الأنسجة ١٧٢٥ كجم م.ن./طن وبلغ في جمهورية مصر العربية ٢٢٧٠ كجم م.ن./طن مما يتيح فرصة لترشيد استهلاك ٢٤ في المائة من الاستهلاك النوعي للطاقة.

١٠- إن المتوسط العالمي للاستهلاك النوعي للطاقة في صناعة السكر ٩٥ كجم م.ن./طن وبلغ في جمهورية مصر- العربية ١٥٢ كجم م.ن./طن مما يتيح فرصة لترشيد ٣٧,٥ في المائة من الاستهلاك النوعي للطاقة.

إجراءات وتقنيات تحسين كفاءة استخدام الطاقة في قطاع الصناعات التحويلية في الدول العربية

الإجراءات اللازمة لبرامج تحسين كفاءة استخدام الطاقة

أن التخطيط لبرامج تحسين كفاءة استخدام الطاقة وترشيد استهلاكها في العمليات الصناعية المختلفة لا يرتبط فقط باستخدام التقنيات المتطورة لتحسين كفاءة العمليات الصناعية وخفض الاستهلاك النوعي للطاقة لوحدة المنتج وإنما يتوقف أيضا على مجموعة من الإجراءات التنظيمية والإدارية والتشريعات التي تساهم في تمكين المنشاة الصناعية من تحديد فرص ترشيد استهلاك الطاقة ووضعها موضع التنفيذ ومن هذه الإجراءات:

١. إحداث دائرة مستقلة في كل منشاة صناعية تعنى بمتابعة كافة الأمور المتعلقة باستهلاك الطاقة ضمن المنشأة، بما في ذلك المؤشرات النوعية ومطابقتها مع القيم التصميمية، وتحليل أسباب الانحرافات وإجراء المقارنات مع المؤشرات العالمية واقتراح برنامج متكامل لتحسين كفاءة الاستخدام.

٢. اقتراح التشريعات اللازمة لتحقيق الأهداف الأساسية لترشيد الطاقة ومنها: تسعير خدمات الطاقة، اقتراح الضرائب والرسوم، واعتماد المواصفات القياسية والأدلة اللازمة لتحقيق الترشيد.

٣. وضع الخطط والبرامج اللازمة لترشيد وتحسين كفاءة الطاقة ومتابعة تنفيذها وتقييمها.

٤. إعداد وتدريب الكوادر الفنية القادرة على تقييم الفرص المتاحة لترشيد وتحسين كفاءة الطاقة والعمل على استثمارها.

٥. إقامة الدورات التدريبية وندوات التوعية لزيادة وعي ومعرفة العاملين بالإجراءات التي تحقق كفاءة أعلى في استخدام الطاقة والجدوى الاقتصادية والفنية لذلك.

٦. ربط أنظمة الحوافز والعلاوات للعاملين بتحقيق كفاءة أعلى في استخدام الطاقة.

التقنيات والنظم الموائمة لترشيد وتحسين كفاءة الطاقة في قطاع الصناعات التحويلية

١- يعتمد استهلاك الطاقة في القطاع الصناعي في الدول العربية بشكل رئيسي ـ على استهلاك المشتقات النفطية بنسبة ٥١ في المائة، والغاز الطبيعي بنسبة ٤١٫٥ في المائة والكهرباء بنسبة ٧٫٣ في المائة. لذا يجب التركيز، عند وضع برامج ترشيد وتحسين كفاءة الطاقة في القطاع الصناعي، على ترشيد استهلاك المشتقات النفطية، والغاز الطبيعي، والكهرباء، وذلك بتحديد الطرق الإنتاجية وخطوط الإنتاج المناسبة للاستفادة من الطاقة القصوى للمنتجات الطاقية المستخدمة في العمليات الإنتاجية، وتصميمها لتكون أقل استهلاكاً للطاقة. وإجراء دراسة دقيقة ومفصلة لتسلسل مراحل الإنتاج، وتقنية كل مرحلة، مع تحديد مدخلاتها ومخرجاتها، وصولاً إلى ميزان طاقة للعمليات المختلفة يحقق ترشيد استخدام الطاقة في كل عملية من العمليات الإنتاجية.

٢- يجب إجراء دراسة دقيقة لتخزين المواد الأولية الداخلة في العمليات الصناعية مع التأكد من سهولة انسيابيتها للدخول إلى خطوط الإنتاج،

وتخزين المواد البترولية اللازمة للإنتاج والمواد المصنعة الجاهزة، مع التأكد من سهولة تحميلها ونقلها بأقل استهلاك ممكن للطاقة.

٣- دراسة الشبكة الكهربائية ذات الجهد المتوسط للمنشأة الصناعية وتوزيع الأحمال على مراكز التحويل داخل المنشأة بشكل دقيق ودراسة الشبكة ذات الجهد المنخفض وتوزيع الأحمال على الأطوار، والتأكد من عدم انخفاض معامل القدرة الكهربائية في المنشأة الصناعية عن ٠,٩. وأن لا يقل حمل المحركات الكهربائية المستخدمة ومراكز التحويل عن ٨٠ في المائة من الحمل الاسمي. وتحقيق تهوية طبيعية أو ذاتية للكابلات والمحركات الكهربائية. والاستفادة من الإنارة الطبيعية قدر الإمكان.

٤- وضع برامج صيانة دورية للآلات والأجهزة المستخدمة في خطوط الإنتاج ومراقبة استهلاكها من الطاقة والتأكد من حسن أدائها. وصيانة المراجل والمبادلات الحرارية لمنع ترسب الأملاح والرماد داخلها.

٥- إجراء تدقيق طاقي دوري ومطابقة النتائج مع المؤشرات التصميمية وتدارك الانحرافات.

وقد بينت الخبرات المكتسبة في مجال تحسين كفاءة استخدام الطاقة توافر تقنيات وتطبيقات أثبتت نجاحها في تحقيق كفاءة عالية لاستخدام الطاقة في قطاع الصناعات التحويلية، يصلح بعضها للتطبيق في صناعة محددة بينما يغطي البعض الآخر مجالاً واسعاً من الصناعات وهذه التقنيات هي[١٤]:

أ- التوليد المشترك للحرارة والكهرباء (Cogeneration) تعمل محطات التوليد الكهربائية التقليدية بكفاءة لا تتجاوز ٣٥ في المائة مما يؤدي إلى ضياع حوالي ٦٥ في المائة من الطاقة الكامنة كحرارة لا يستفاد منها. وقد توصلت التقنيات الحديثة إلى استخدام محطات التوليد الكهربائية ذات الدورة المركبة بكفاءة

---

١٤ UN-ESCWA, Efficient Use of Energy in the Industrial Sector: An Analysis of Options for Selected ESCWA Member States, New York, ٢٠٠١.

تزيد عـن ٥٥ في المائـة، وكـذلك التوليـد المشـترك للحـرارة و الكهربـاء في مواقـع الاستهلاك وخاصة في الصناعات التي تحتاج إلى الحرارة والكهرباء، مما يسـاهم في تحقيق كفاءة تصـل إلى حـوالي ٩٠ في المائـة. وقـد حقـق التوليـد المشـترك نتـائج اقتصادية كبيرة في صناعات الإسمنت والحديد والصلب وتكرير النفط والصناعات الغذائية والنسيجية وصناعة الورق والزجاج.

وتسـاهم محطـات التوليـد المشـترك بحـوالي ١٠ في المائـة مـن الطاقـة الكهربائية المنتجة في أوروبا. وقد وضعت المفوضية الأوروبية هـدفاً للوصـول إلى نسبة مساهمة لا تقل عن ١٨ في المائة لغاية عام ٢٠١٠.[١٥]

ب- استرجاع الحرارة الضائعة (Waste Heat Recovery)

يعتبر استرجاع الحرارة الضائعة أحد أهم الفرص المتاحة لترشيد الطاقة في المنشآت الصناعية ومحطات توليد الكهربـاء. وتتـوافر فـرص اسـترجاع الحـرارة الضائعة في صناعات التعـدين والزجـاج والأسـمدة والصـناعات الغذائيـة وتكريـر النفط والصناعات النسـيجية، ويفـترض قبـل دراسـة إمكانيـات اسـترجاع الحـرارة الضائعة أن يتم تحسين الكفاءة الحراريـة للتجهيـزات إلى أكـبر قـدر ممكـن، ثـم تحديد كميات الحرارة الضائعة التي يمكن استرجاعها مقارنة بالكلفة.

وقد أصبحت مشاريع استرجاع الحرارة تحظى بـاهتمام كبـير إلا أن ذلـك يخضـع لعـدد مـن المعـايير، أهمهـا تـوافر كميـة كافيـة مـن الحـرارة الضـائعة، وبدرجات حرارة ملائمة، مع إمكانية استخدامها.

ج- تحسين كفاءة الاحتراق

تتحقق الكفاءة الأمثـل للاحـتراق عنـدما يـتم حـرق الوقـود مـع الكميـة المناسبة من الهواء لتأمين الاحتراق الكامل، ويتم التحكم بهواء الاحـتراق وتنظـيم درجة

١٥ Cogen Europe- Manifesto for the New European Parliament, How to Achieve Cogeneration's Potential in Europe, ١٩ May ١٩٩٩. website: www.cogen.org

الحرارة والضغط ونسبة الهواء إلى الوقود باستخدام أنظمة التحكم الإلكترونية، ومحللات الغازات المحمولة، مما يساهم في تحسين كفاءة الأفران والمراجل.

د- التحكم بالعمليات الصناعية

إن تطوير نظم للتحكم بمدخلات الطاقة والمدخلات الأخرى باستخدام الحواسب الإلكترونية (الميكروبروسيسر) يساهم في تحسين كفاءة المنشأة. وقد أثبت استخدام هذه النظم المتطورة فعالية كبيرة في صناعة الإسمنت والصناعات الكيميائية والمعدنية، ويمكن لها أن تساهم في تحقيق وفر يتراوح بين ٥ - ١٠ في المائة من إجمالي الطاقة المستهلكة[١٦].

هـ- استخدام نظم إدارة الطاقة (Energy Management Systems)

إن التحكم بالاستخدام الأمثل لمصادر الطاقة بالتوافق مع نظم تشغيل وصيانة جيدة يؤدي إلى تحقيق كفاءة طاقة عالية، وذلك ببرمجة أوقات التشغيل والإيقاف للتجهيزات والتحكم في استهلاك الطاقة الكهربائية للاستفادة من الأسعار المخفضة خارج أوقات الذروة وتجنب الغرامات. كما إن التحكم بإنارة المباني وأنظمة التدفئة والتهوية والتكييف يؤدي إلى ترشيد جيد للطاقة. عموماً إن استخدام نظام فعّال لإدارة الطاقة يمكن أن يحقق وفراً في استهلاك الطاقة يتراوح بين ٧ - ٢٠ في المائة في صناعات الإسمنت والنسيج ومواد البناء والصناعات الكيميائية[١٧].

و- تحسين معامل القدرة

تشترط معظم الأنظمة المعمول بها في المؤسسات الكهربائية أن لا يقل معامل القدرة الكهربائية عن ٠,٩ وتلزم المصانع بتركيب مكثفات لتحسين معامل

---

١٦ UN-ESCWA, Efficient Use of energy in the Industrial Sector: An Analysis of Options for Selected ESCWA Member States, New York, ٢٠٠١.

القدرة مما يساهم بتوفير من ٥-١٥ في المائة في فاتورة الكهرباء ويجنب المنشأة الصناعية فرض الغرامات.

ز- استخدام أجهزة إنارة عالية الكفاءة

يمثل استهلاك الإنارة حوالي ١٠-١٥ في المائة من استهلاك الطاقة الكهربائية في المنشأة الصناعية، ويمكن تحقيق وفورات كبيرة في هذا الاستهلاك عبر تحسين نظم الإنارة واستخدام أجهزة الإنارة عالية الكفاءة.

ح- استخدام المحركات ذات الكفاءة العالية

تساهم التقنيات الحديثة في صناعة المحركات في تحسين كفاءة تحويل الطاقة الكهربائية إلى طاقة ميكانيكية عبر تخفيض الضياعات الناجمة عن الاحتكاك في أجزاء المحرك المختلفة، كما أن اختيار قدرات المحركات بحيث تكون قريبة من القدرة الاسمية المطلوبة وأن لا يقل حملها عن ٨٠ في المائة من قدرتها الاسمية يساهم في تحسين كفاءة استهلاك الطاقة بمعدلات تصل إلى ٥-١٠ في المائة.

ط- العزل والتبطين

تتوافر حالياً مواد عزل متطورة ذات ناقلية حرارية منخفضة تستخدم لعزل أنابيب المياه الساخنة و أنابيب البخار وجدران الأفران والمراجل مما يقلل من الضياعات الحرارية وتوفير الطاقة. ويمكن لإجراءات العزل توفير من ٥-٢٠ في المائة من الطاقة الحرارية المستهلكة.

بعض التجارب العالمية في مجال ترشيد وتحسين كفاءة الطاقة في القطاع الصناعي

حظي قطاع الصناعة، الذي يستهلك حوالي ثلث مصادر الطاقة الأولية في العالم، باهتمام خاص في برامج تحسين كفاءة استخدام الطاقة عالمياً، وقد حققت برامج تحسين الكفاءة نتائج مهمة في العديد من الدول الصناعية، إذ انخفض معدل

الاستهلاك النوعي للطاقة في القطاع الصناعي بنسبة ٣,٥ في المائة سنويا في الفترة ١٩٧٣-١٩٨٦، كما انخفضت كثافة الطاقة بشكل مستمر منذ ثلاثة عقود، حيث تشير سجلات وكالة الطاقة العالمية إلى معدل انخفاض سنوي وسطي في كثافة الطاقة وصل إلى حوالي ٢,٥ في المائة في الفترة ١٩٧٣-١٩٨٢ وإلى حوالي ١,٥ في المائة لغاية عام ١٩٩٠ و ٠,٧ في المائة سنوياً ما بعد عام ١٩٩٠.[١٧] وقد حققت الدول الأوروبية نتائج متقدمة خلال الفترة ١٩٨٠-١٩٩٠ حيث تحسنت الكفاءة في القطاع الصناعي بنسبة ٢٨ في المائة في النمسا و ٣٤ في المائة في ألمانيا و ٢٨ في المائة في إيطاليا.[١٨] وفي اليابان تم تحسين كفاءة الطاقة لغاية عام ١٩٩١، بحوالي ٣٥ في المائة بالمقارنة مع عام ١٩٧٣. وتشير معظم الدراسات إلى أنه على الرغم من الجهود المبذولة على مدى العقود الثلاثة الأخيرة في مجال تحسين كفاءة استخدام الطاقة تتوافر إمكانات كبيرة لتخفيض الاستهلاك النوعي للطاقة في كافة مناطق العالم.

ففي أمريكا اللاتينية: استهلك القطاع الصناعي حوالي ٣٠ في المائة من الاستهلاك النهائي للطاقة وتتوافر إمكانات فنية لتخفيض الاستهلاك النوعي الوسطي للطاقة في عدد من الصناعات التحويلية تصل إلى ١٣ في المائة في صناعة الفولاذ، و ١٥ في المائة في صناعة الألمنيوم، و ٢٠ في المائة في صناعة الزجاج، و ٢٥ في المائة في صناعة الأسمدة، و ٣٠ في المائة في صناعة الإسمنت[١٩].

---

١٧ OECD Observer, Healthier Energy Use, July ٢١, ٢٠٠٤. Website; www.oecdobserver.org/news/full story.php/aid/١٢٩/Healtheir_energy_use.html

١٨ World Energy Council, *Energy Efficiency Policies and Indicators*, Progress Achieved, www.worldenergy.org/wec-geic

١٩ World Energy Council, *Energy Efficiency Policies and Indicators*, Progress Achieved, www.worldenergy.org/wec-geic

وفي الولايات المتحدة الأمريكية **يستهلك القطاع الصناعي حوالي ثلث الاستهلاك النهائي للطاقة. وبينت الدراسات إمكانية تحقيق وفورات في صناعة الإسمنت بحدود ١١ في المائة وصناعة الفولاذ بحدود ١٩ في المائة وصناعة الورق بحدود ٣٧ في المائة.**

وفي أوروبا الغربية تعتبر الصناعة الأوروبية ذات كفاءة جيدة، ومع ذلك فقد أشارت عدة دراسات إلى توافر إمكانات لتحسين كفاءة الطاقة تتراوح بين ٢,٢ و ٣,٥ في المائة سنوياً[٢٠]. وإلى إمكانية تخفيض الاستهلاك النوعي للطاقة في الصناعات المختلفة في بريطانيا في الفترة ١٩٩٠-٢٠١٠. بنسبة تتراوح بين ٣٢ و ٤٥ في المائة. وفي ألمانيا بين ١٦ و ٢٠ في المائة.

وفي اليابان يشكل استهلاك القطاع الصناعي من الطاقة نصف الاستهلاك النهائي وتعتبر اليابان في مقدمة الدول التي تستخدم الطاقة بكفاءة عالية في صناعاتها، وبالرغم من ذلك تتوافر إمكانات لتحقيق وفورات إضافية تقدر بـ ١٠ - ١٢ في المائة في صناعة الحديد والصلب و ٨ في المائة في صناعة الإسمنت و ١٠ في المائة في الصناعات الكيميائية.

في الدول النامية اعتمدت برامج متعددة لتحسين كفاءة استخدام الطاقة في الصناعة ففي ماليزيا تم تنفيذ برنامج لتحسين كفاءة الطاقة في ثمان قطاعات صناعية رئيسية كثيفة الاستهلاك للطاقة خلال الفترة ١٩٩٩-٢٠٠٤ بهدف تخفيض استهلاك الطاقة بنسبة لا تقل عن ١٠ في المائة، من خلال تنفيذ مجموعة من الإجراءات والبرامج، أهمها[٢١]: (١) التدقيق الطاقي الأولي والتفصيلي في المنشآت الصناعية؛ (٢) اعتماد لصاقات ومعايير كفاءة الطاقة؛ (٣) دعم شركات خدمات الطاقة وتقديم تسهيلات ضريبية لها؛ (٤) دعم المصنعين المحليين

---

٢٠ World Energy Council, *Energy Efficiency Policies and Indicators*, Progress Achieved, www.worldenergy.org/wec-geic

٢١ Malaysia Industrial Energy Efficiency Improvement Project.htm, ١٧/١٢/٢٠٠٥

للتجهيزات الموفرة للطاقة؛ (٥) تنفيذ المشاريع الريادية باستخدام التكنولوجيات الموفرة للطاقة.

وفي الصين فقد اعتبر تحسين كفاءة الطاقة مركزيا في الخطة الخمسية الحادية عشرة ٢٠٠٦-٢٠١٠ حيث تلحظ الخطة تنفيذ عشرة برامج رئيسية للحفاظ على الطاقة وترشيد استهلاكها تشتمل على تحسين كفاءة المراجل والتوليد المشترك للحرارة والكهرباء وتحسين كفاءة المحركات[٢٢].

البرامج الوطنية والموقف التطبيقي الحالي في عدد من الدول العربية

أولت الدول العربية في السنوات الأخيرة اهتماماً متزايداً بتحسين كفاءة استخدام الطاقة في قطاع الصناعات التحويلية، وتم تطبيق عدداً من المبادرات الرئيسية في هذا الصدد منها إجراء مراجعات الطاقة (Energy Audits) في عدد كبير من المرافق الصناعية التابعة للقطاعين العام والخاص في كل من جمهورية مصر العربية والجمهورية العربية السورية والمملكة الأردنية الهاشمية والجمهورية اللبنانية أظهرت وجود فرص كبيرة لتحسين كفاءة استخدام الطاقة الحرارية والكهربائية في المنشآت الصناعية، وتحقيق وفورات من إجمالي الطاقة المستهلكة في المنشآت التي شملتها هذه المراجعات في مصر، والأردن، وسورية. كما أدت برامج ترشيد الاستهلاك وتحسين كفاءة الطاقة التي نفذت في العديد من الدول إلى بناء الكوادر الوطنية وزيادة الخبرة والوعي في هذا المجال. وفيما يلي عرض أهم الأنشطة والإجراءات والتطبيقات التي تمت في عدد من الدول في هذا المجال:

المملكة الأردنية الهاشمية

يستهلك قطاع الصناعة أكثر من ٢٣,٠ في المائة من إجمالي الاستهلاك النهائي للطاقة، ولقد أولت وزارة الطاقة والثروة المعدنية ومركز بحوث الطاقة اهتماماً كبيراً في موضوع ترشيد استهلاك الطاقة وتحسين كفاءة استخدامها في هذا

---

[٢٢] www.energybulletin.net/٣٥٦٦.html

القطاع حيث قامت بعدة دراسات لترشيد استهلاك الطاقة في الصناعات الكبيرة في المملكة منذ منتصف الثمانينات، ولقد بينت هذه الدراسات الإمكانيات الكبيرة لترشيد الاستهلاك في قطاع الصناعات التحويلية بشكل عام. كما تم إجراء تدقيق الطاقة في العديد من المنشآت الصناعية وتحديد إجراءات الترشيد وتقنيات تحسين الكفاءة، منها إدارة أحمال الطاقة، وتحسين معامل القدرة، وإعادة توزيع الأحمال على المحولات، وتحسين كفاءة نظم الإنارة، واستخدام محركات عالية الكفاءة ونظم التوليد المشترك، والاستفادة من استرجاع الحرارة المفقودة، وتحسين كفاءة الاحتراق، وتحسين كفاءة العزل الحراري لخطوط البخار والماء الساخن، والتوسع في استخدام الغاز الطبيعي في محطات التوليد الكهربائية، واعتماد برامج إدارة الكفاءة فيها. وقد بينت هذه الدراسات إمكانية توفير ما يقرب من ٤٠ في المائة من قيمة فاتورة الطاقة المستهلكة في الصناعات المدروسة دون اللجوء إلى تغيير تقنيات الإنتاج المستخدمة. وتلقى هذه الدراسات إقبالاً متزايداً من قبل المنشآت الصناعية المحلية، فبينما كان مركز بحوث الطاقة يقوم في بداية الأمر بتنفيذ هذه الدراسات بشكل مجاني، أصبح يقوم بتنفيذها مقابل الكلفة.

الجمهورية التونسية

يعتبر تأمين مصادر الطاقة الأولية الضرورية لتحقيق خطط التنمية الاقتصادية والاجتماعية من التحديات الكبيرة التي تواجه مخططي سياسات الطاقة في تونس، وذلك لتنامي الطلب ومحدودية مصادر الطاقة الأولية المحلية، حيث قدرت الموارد المحلية للطاقة الأولية في عام ٢٠٠٤ بحوالي ٦,٦ مليون ط.م.ن.، في حين بلغ الطلب حوالي ٧,٢ مليون ط.م.ن.، ويتوقع أن يصل العجز إلى حوالي ٣,٥٠٠ مليون طن مكافئ نفط في عام ٢٠١٠، يفترض أن يؤمن عبر الاستيراد من الخارج. ولمجابهة ذلك اعتمدت الحكومة التونسية استراتيجية شاملة تهدف إلى ترشيد استهلاك الطاقة وتنمية وتطوير استخدامات مصادر الطاقة المتجددة.

ولقد تم حتى عام ٢٠٠٤: إنجاز ٣٢٠ تدقيق طاقي في مختلف القطاعات، والترويج للتوليد المشترك للطاقة واعتماد الأدلة لتوفير الطاقة في الأبنية الجديدة،

واعتماد أنظمة اللصاقات لكفاءة الطاقة في المعدات الكهربائية المركبة، واستعمال الوقود النظيف في النقل العام وإدراج مفاهيم اقتصاد الطاقة في امتحان قيادة السيارات واعتماد محطات لفحص محركاتها، وتطوير مشاريع تجريبية لتحسين كفاءة الطاقة في البلديات والمستشفيات، وإقامة محطة لتوليد الطاقة الكهربائية باستخدام طاقة الرياح باستطاعة ٢٠ ميجاوات، وتنفيذ ١٢٠ ألف متر مربع من اللواقط الشمسية، ٨٠ في المائة منها في القطاع السكني، وتطوير ١١ ألف مسكن ريفي و٢٠٠ مدرسة باستخدام الخلايا الكهروضوئية وتجهيز ٧٠ بئر لضخ المياه، وتنفيذ ٥٠ وحدة عائلية ووحدة صناعية لإنتاج الغاز الحيوي وحوالي ١٢ ألف غطاء لأفران الخبز، وتنفيذ العديد من الندوات وحملات التوعية وإصدار نشرات.

مما ساهم في تخفيض كثافة استهلاك الطاقة من ٠,٤٢ ط.م.ن./ألف دينار في عام ١٩٨٩ إلى حوالي ٠,٣٦ ط.م.ن./ألف دينار في عام ٢٠٠٤.

الجمهورية العربية السورية

يستهلك قطاع الصناعات التحويلية حوالي ٢٩,٤ في المائة من إجمالي الاستهلاك النهائي للطاقة[*]، وتركزت الجهود التطبيقية لترشيد الاستهلاك وتحسين كفاءة الطاقة في قطاع الصناعة على إنجاز تدقيق طاقي أولي في حوالي ١٢٠ منشأة صناعية وخدماتية في القطاعين العام والخاص كما نفذت ٣٠ دراسة تدقيق طاقي تفصيلي. وكذلك يجري بالتعاون مع وزارة الصناعة وجهات القطاع الخاص التخطيط لإعداد عدد من دراسات الجدوى الاقتصادية ومن ثم تنفيذ عدد من المشاريع النموذجية في مجالات الاستهلاك المختلفة للطاقة بهدف ترشيد استهلاكها.

وقد بينت دراسات التدقيق الطاقي التفصيلية وجود مجالات كبيرة لتحقيق وفر في استهلاك الطاقة في المنشآت الصناعية بلغ وسطياً، في ست عشرة

---

* هذه النسبة وفق التقرير الوطني لاستخدام الطاقة من أجل التنمية المستدامة المعد في عام ٢٠٠٣، وهي تساوي ٤٣,٥ في المائة وفق (Energy Balance and Electricity Profiles, UN ٢٠٠٥) ٢٠٠٢

منشأة صناعية في قطاع الصناعات النسيجية والغذائية، حوالي ٢٢ في المائة من الاستهلاك السنوي الحالي في هذه المنشآت. كما يمكن تحقيق وفر في بعض المنشآت الخدماتية يصل إلى حوالي ١٤ في المائة. وذلك عبر العديد من الإجراءات منها: تعديل أنظمة الإضاءة واستخدام الإضاءة الطبيعية ما أمكن، واستخدام المصابيح الموفرة للطاقة كلما كان ذلك مناسباً؛ وتحسين كفاءة العزل الحراري لأنابيب البخار؛ واستعادة البخار المتكاثف والحرارة المفقودة (الضائعة)؛ وتحسين كفاءة احتراق المراجل؛ وتحسين عامل القدرة (الاستطاعة)؛ وإعادة توزيع الأحمال على المحولات؛ وتنويع مصادر الوقود والتحول نحو استعمال الفيول بدلاً من المازوت (الديزل)؛ واستخدام المحركات عالية الكفاءة.

من جهة أخرى، وعلى ضوء الطلب المتزايد على المصابيح الموفرة للطاقة يسعى حالياً عدد من المصنعين السوريينً لإقامة منشآت صناعية لتصنيع المصابيح الموفرة للطاقة محلياً وذلك بالتعاون مع بعض الشركات العالمية المتخصصة في هذا المجال. ويتزايد الاهتمام باستخدام المواد العازلة للجدران والأسقف حيث تتولى بعض الشركات المحلية تصنيع هذه المواد وخاصة البوليستارين (الستيريوبور) والبوليوريثان والصوف الصخري لاستخدامها كعازل حراري للأسقف والجدران.

جمهورية مصر العربية

يستهلك قطاع الصناعة حوالي ٤٧ في المائة* من إجمالي استهلاك الطاقة النهائية. وأجريت أكثر من ٣٠ دراسة حالة حول ترشيد استهلاك الطاقة في القطاعات الصناعية، أهمها: (١) تحسين كفاءة الاحتراق واسترجاع حرارة العادم في مصانع "الدلتا" للصلب؛ (٢) ضبط الاحتراق في الوحدات الحرارية في مصانع القطاع العام؛ (٣) استخدام الحراقات ذات استرجاع حرارة العادم ذاتياً

* هذه النسبة تساوي ٣٩% في المرجع (Energy Balances & Electricity Profiles, UN, ٢٠٠٥ ٢٠٠٢)

"Regenerative Burners" بشركة الألومنيوم العربية؛ (٤) التوليد المشترك في شركة أبو زعبل للأسمدة؛ (٥) تحسين كفاءة الطاقة بنظم ضغط الهواء والتبريد بشركة النصر للكيمياويات الدوائية؛ (٦) تحسين نظم إدارة الطاقة بالشركة المصرية الدولية للصناعات الدوائية؛ (٧) تحسين معامل القدرة في شركة النقل والهندسة. كما قام جهاز تخطيط الطاقة بأكثر من ٢٠٠ دراسة في مجال الطاقة، منها حوالي ٦٤ في المائة دراسات حول الترشيد وتحسين الكفاءة في القطاع الصناعي، وقد تبين من نتائج تلك الدراسات أن الوفر في الطاقة الذي يمكن تحقيقه يقدر بحوالي ١٣,١ في المائة من إجمالي استهلاك الطاقة في المنشآت التي جرت دراستها وعددها ٥٠.

وخلصت الدراسات الفنية ومراجعات الطاقة الميدانية إلى وجود فرص كبيرة لترشيد الطاقة لدى مصانع القطاع العام في مجال إدارة الطلب على الطاقة أكثر من القطاع الخاص، وتعتبر موافقة وإقناع الإدارة العليا ذات أهمية قصوى لنجاح مراجعات الطاقة في المنشآت الصناعية.

ويتوافر في السوق المصرية عدد من الصناعات ذات الصلة بتقنيات ترشيد استهلاك الطاقة مثل صناعة المصابيح الكهربائية الموفرة للطاقة، ومواد العزل الحراري، ومكيفات الهواء ذات الكفاءة العالية، وغيرها. وفي إطار الجهود المبذولة لاستخدام منتجات أكثر كفاءة للطاقة فقد صدر عدد من المواصفات القياسية المصرية لكفاءة الطاقة لعدد من الأجهزة المنزلية مثل مكيفات الهواء والثلاجات والغسالات الكهربائية. كما صدر قرار وزاري بإلزام المنتجين والمستوردين بلصق بطاقات كفاءة الطاقة على أجهزة التكييف والثلاجات والغسالات.

المملكة العربية السعودية

يمثل استهلاك القطاع الصناعي والتشييد حوالي ٤٠,٩٣ في المائة من الاستهلاك النهائي للطاقة في عام ٢٠٠٢ و٢٤ في المائة من الطاقة الكهربائية المستهلكة، ويلحظ البرنامج الوطني لإدارة وترشيد الطاقة العمل على خفض الطلب

على الكهرباء في القطاع الصناعي عبر إجراء دراسات التدقيق الطاقي والترويج لاستخدام تقنيات متطورة، وذلك بتنفيذ أربعين برنامج للتدقيق السريع في القطاعات الصناعية والتجارية وتنفيذ تدقيق طاقي لاستهلاك الطاقة الحرارية والكهربائية لخمسة عشر مستهلكاً من المستهلكين الكبار والعمل على تحسين معامل القدرة الذي ينخفض في بعض المنشآت إلى حوالي ٠,٦ في المائة كما يلحظ البرنامج تصنيف معدات الطاقة والسعي لخفض الرسوم الجمركية على التقنيات الجديدة المستخدمة في إدارة الطاقة وترشيد استهلاكها مما سيحفز على تصنيع معدات كفاءة الطاقة محلياً.

دولة قطر

تسعى الجهات المعنية في دولة قطر إلى تنفيذ برامج لتحسين كفاءة استخدام الطاقة وترشيد استهلاكها في قطاع الكهرباء القطري وفي هذا الإطار يجري تنفيذ اتفاقية تعاون بين الهيئة العامة للكهرباء والماء في قطر والإسكوا لمشروع ترشيد استهلاك الطاقة وتحسين كفاءة استخدامها وإعداد برنامج وطني لكفاءة الطاقة.

دراسات حول ترشيد استخدام الطاقة في صناعات مختارة كثيفة الاستهلاك للطاقة في الدول العربية [٢٣]

لقد أجرت الإسكوا دراسة حول تحسين كفاءة الطاقة في الصناعات الكثيفة الاستهلاك للطاقة نشرتها في نهاية عام ٢٠٠٥، وتضمنت هذه الدراسة أربع من الصناعات التحويلية التي جرى اعتمادها، صناعات كثيفة الاستهلاك للطاقة، وفقاً لأحد عشر مؤشراً ومعياراً منها: النسبة بين كلفة الطاقة في الصناعة المختارة والكلفة الكلية للإنتاج، والاستهلاك النوعي للطاقة في الصناعة المعتبرة، ونسبة استهلاك هذه الصناعة من الطاقة إلى إجمالي الطلب على الطاقة في القطاع

[٢٣] تحسين كفاءة الطاقة واستخدام الوقود الأحفوري الأنظف في قطاعات مختارة في بعض بلدان الإسكوا، الجزء الأول: تحسين كفاءة الطاقة في الصناعات كثيفة الاستهلاك للطاقة (E/ESCWA/SDPD/٢٠٠٥/١(Part I)).

الصناعي، والآثار البيئية الناجمة عن استخدام الوقود وعن المواد الأولية المستخدمة، والإمكانات المتاحة لتحسين كفاءة استخدام الطاقة في الصناعة المختارة، وإمكانية استخدام مصادر الطاقة البديلة في تامين الطاقة الأولية اللازمة لعملية الإنتاج. وتم تصنيف الصناعات التحويلية من خلال تثقيل كل مؤشر من المؤشرات وفقاً لأهميته. ولدى تحليل نتائج هذه المؤشرات فقد حققت صناعات الحديد والصلب، والإسمنت، والأسمدة، والزجاج، والألمنيوم، وتكرير البترول، والصناعات البتروكيميائية أعلى المؤشرات.

وجرت دراسة الصناعات الأربعة الأولى منها، وهي صناعة الإسمنت، والحديد والصلب، والأسمدة، والزجاج كصناعات كثيفة الاستهلاك للطاقة تستهلك ما يزيد عن ٢٥ في المائة من الاستهلاك النهائي للطاقة في قطاع الصناعات التحويلية في الدول العربية، وتلحظ نمواً وتطوراً متزايداً بما يتوافق مع خطط التنمية الاقتصادية والاجتماعية، والنهضة الصناعية التي تشهدها الدول العربية. وفيما يلي عرض مختصر لكل منها والإجراءات المقترحة لتحسين كفاءة استخدام الطاقة فيها مع عرض لوضع بعض الشركات المصنعة لها في الدول العربية.

صناعة الإسمنت

١- استهلاك الطاقة في صناعة الإسمنت

بلغ عدد شركات الإسمنت في عام ٢٠٠٢ في الدول العربية ١٢٥ شركة، ٤٨ في المائة منها يملكه القطاع الخاص الوطني، و٣٦ في المائة للقطاع العام و ١٦ في المائة الشركات العالمية. وبلغت الطاقة التصميمية لإنتاج الإسمنت ١٤٢ مليون طن في السنة، وبلغ الإنتاج الفعلي حوالي ١٠٧ مليون طن، شكل حوالي ٦,٢ في المائة من الإنتاج العالمي.

ويتباين استهلاك مصانع الإسمنت من الطاقة حسب التقنيات المستخدمة، وطريقة التصنيع، وعمر التجهيزات، والملكية. وقدر إجمالي استهلاك الطاقة في صناعة الإسمنت في الدول العربية في عام ٢٠٠٢ أكثر من ١٣,٩ مليون طن

م.ن. مثلت ٣,٩ في المائة من إجمالي استهلاك الطاقة الأولية و ١٤,٩ في المائة من استهلاك قطاع الصناعات التحويلية العربية.

٢- ترشيد الطاقة في صناعة الإسمنت

يتنامى الطلب على مصادر الطاقة في صناعة الإسمنت مترافقاً مع تطور الطلب على هذه المادة في الأسواق العالمية. وانطلاقاً من ارتفاع أسعار مصادر الطاقة، فقد ازداد الاهتمام العالمي بتخفيض معدلات الاستهلاك النوعي للطاقة في هذه الصناعة، وذلك بتحسين كفاءة الاستخدام واستخدام تجهيزات أكثر كفاءة طاقياً، والسعي لزيادة مساهمة المصادر البديلة للوقود والرخيصة الثمن في مكونات الطاقة المستخدمة، وتتركز الإجراءات المتعلقة بترشيد استهلاك الطاقة في صناعة الإسمنت بالاتجاهات الرئيسية التالية:

(أ)   تحسين كفاءة استخدام الطاقة في عمليات التصنيع

يساهم التحول من الطريقة الرطبة إلى الطريقة الجافة، واستخدام المسخنات المسبقة متعددة المراحل، والمكلسات المسبقة، واستخدام محركات كهربائية ومطاحن ذات كفاءة عالية، في تحقيق وفر في استهلاك الطاقة الحرارية والطاقة الكهربائية اللازمة لصناعة الإسمنت. وقد حققت العديد من الدول المصنعة وفورات كبيرة في استهلاك الطاقة في صناعة الإسمنت. ففي الهند وصل الوفر في الاستهلاك النوعي الوسطي إلى ٤٠ في المائة منه في خمسينيات القرن الماضي [٢٤]، وفي الولايات المتحدة تحقق خلال الفترة ١٩٧١-٢٠٠١ وفر ٣٣ في المائة [٢٥]، وفي ماليزيا تحقق وفر يصل إلى ٢٥ في المائة [٢٦]، وفيما يلي الإجراءات الأكثر استخداماً في هذه الصناعة:

---

[٢٤] *Energy Management Policy - Guidelines for Energy Intensive Industry in India,* http://www.teriin.org/reports

[٢٥] U.S. Department of Energy, *Energy and Emission Reduction Opportunities for the Cement Industry, Industrial Technologies Program.* ٢٩ December ٢٠٠٣.

[٢٦] Energy-use Benchmarks for the Cement Sector. www.taiheiyo-cement.jp/english.

١. تطوير نظم التحكم في العمليات الإنتاجية واستخدام الحاسوب.

٢. استخدام المحركات الكهربائية عالية الكفاءة ، ووحدات التدوير ذات السرعة المتغيرة (variable or adjustable speed drive).

٣. تطوير تقنيات طحن المواد الخام وطحن الإسمنت واستخدام فارزات ديناميكية عالية الكفاءة.

٤. استخدام المواد المساعدة لعملية الطحن مثل (Mono Ethylene Glycol) لتقليل كثافة المواد اللازم طحنها وزيادة قابلية التوصيل وبالتالي تقليل الاستهلاك النوعي للطاقة.

٥. استخدام طرق التصنيع الحديثة التي تعتمد على استخدام المسخن والمكلس المسبق.

٦. تحسين كفاءة استخدام الطاقة في الأنظمة المساعدة المستخدمة في هذه الصناعة.

(ب) <u>تخفيض نسبة الكلنكر/الإسمنت وإنتاج الإسمنت المخلوط</u>

يتشكل الإسمنت نتيجة طحن الكلنكر بعد مزجه بإضافات تختلف أنواعها ونسبها حسب نوع الإسمنت المطلوب. وينتشر على نطاق واسع استخدام الإسمنت البورتلاندي العادي الذي تبلغ نسبة الكلنكر/إسمنت فيه حوالي ٩٥ في المائة إذ يضاف إلى الكلنكر نسبة ٥ في المائة من مادة الجبصين (Gypsum). مما يؤدي إلى تخفيض الاستهلاك النوعي للطاقة الحرارية اللازمة. وتجدر الإشارة إلى أن نسبة المواد المضافة إلى الكلنكر في اليابان تشكل ١٩ في المائة وفي فرنسا تشكل ١٥ في المائة.

(ج) <u>استخدام الوقود البديل في صناعة الإسمنت</u>

انطلاقاً من الاعتبارات الاقتصادية والبيئية، فقد ازداد الاهتمام لدى مصنعي الإسمنت لاستخدام مصادر الوقود البديل مثل النفايات (Wastes) بأنواعها (الصلبة والسائلة والخطرة)، والكوك البترولي (Petro Coke)، والسجيل

الزيتي (Shale Oil) كمصادر رخيصة للطاقة تؤدي إلى ترشيد استهلاك الطاقة التقليدية المستخدمة في هذه الصناعة، ويحظى استخدام النفايات باهتمام متزايد حيث يساهم حرق النفايات بنسبة ٢٧ في المائة في فرنسا وبنسبة ٨ في المائة في الولايات المتحدة الأمريكية من إجمالي مصادر الطاقة اللازمة لصناعة الإسمنت في عام ٢٠٠٠، وتعتمد بعض الشركات المصنعة للإسمنت في دول الإسكوا مصادر الوقود البديلة إذ تستخدم شركة الإسمنت الوطنية في دولة الإمارات العربية المتحدة حرق إطارات السيارات في الأفران بجانب زيت الوقود، كما تستخدم شركة مصانع الإسمنت الأردنية جفت الزيتون بنسبة ٥ في المائة ضمن مزيج الوقود المستهلك لتصنيع الكلنكر في معامل الشركة بالفحيص.

وقد حظي الكوك البترولي كمصدر للطاقة باهتمام مصنعي الإسمنت نظراً لرخص ثمنه وارتفاع قيمته الحرارية. وينتج الكوك البترولي، في عدد من الدول العربية منها جمهورية مصر العربية والجمهورية العربية السورية ودولة الكويت، ويصدر معظم الإنتاج، بينما يستخدم بشكل فعلي في شركة هولسيم لبنان لصناعة الإسمنت إذ يعتبر المصدر الرئيسي للطاقة الحرارية اللازمة لإنتاج الإسمنت.

وتتوافر إمكانية استخدام السجيل الزيتي كمصدر للمواد الخام في صناعة الإسمنت، فقد بينت تجربة منطقة دوتر هاوسن الألمانية أن استخدام هذه المادة في الأفران الدوارة لصناعة الكلنكر يساهم بتأمين حوالي ١٠ في المائة من المواد الخام، و١٥ في المائة من الطاقة الحرارية المستهلكة. ويتوافر السجيل الزيتي في المملكة الأردنية الهاشمية حيث تقدر كمية الاحتياطي الجيولوجي بحوالي ٦٥ بليون طن ويستخدم بشكل محدود في مزيج المواد الأولية الداخلة في صناعة الكلنكر في مصنع الرشيدية التابع لشركة مصانع الإسمنت الأردنية، كما تتوافر احتياطيات للسجيل الزيتي في الجمهورية العربية السورية وتقدر بحوالي ٧٠٠ مليون طن.

٣- حالة بعض شركات صناعة الإسمنت في عدد من الدول العربية

يبين الجدول (٥) الاستهلاك النوعي للطاقة واستهلاك الكهرباء لكـل طـن في عدد من مصانع الإسمنت العربية.

الجدول (٥)

الاستهلاك النوعي واستهلاك الكهرباء في عدد من مصانع الإسمنت العربية

اسم الشركة	الاســتهلاك النــوعي للطاقة (كجم م.ن./طن)	استهلاك الكهربـاء (ك.و.س./طن)
الإسمنت الأردنية	١٠٦	١١٦
الإمارات للإسمنت	١٥٤	١١٣
إسمنت الخليج (رأس الخيمة)	١٤٦	١٣٦
إسمنت عدرا السورية	١٣٦	١٦٥
سبلين لبنان	١١٠	١٠٧
هولسيم لبنان	١٣٢	١٣٥
إسمنت حلوان - مصر	١٢٢	١٣٠
بني سويف للإسمنت - مصر	١٢٧	١٠٠

المصدر: الإسكوا، "تحسين كفاءة الطاقة في الصناعات الكثيفة الاستهلاك للطاقة"، (E/ESCWA/SDPD/٢٠٠٥/١(PartI))

وقام عدد من هذه الشركات بتطبيق إجراءات وتقنيـات الطاقـة في عـدد من مراحل إنتاجها.

صناعة الحديد والصلب

١- استهلاك الطاقة في صناعة الحديد والصلب

تعتمد الدول العربية في تصنيع المنتجات الحديدية والفولاذية على المواد الخام والمواد نصف المصنعة المستوردة، ولم تتجاوز إنتاج خامات الحديد في

العالم العربي 15,5 مليون طن في عام ٢٠٠٢، وأنتجت موريتانيا نسبة ٦٧ في المائة منه وأعادت تصديره بالكامل، وأنتجت مصر ١٦,٦ في المائة، وأنتجت بلدان المغرب العربي النسبة الباقية. وأنتجت البحرين حوالي ٣,٥ مليون طن من مكورات الحديد في نفس العام صدرت ٨٠ في المائة منها إلى دولة قطر والمملكة العربية السعودية. وقد بلغ استهلاك الدول العربية من المنتجات الحديدية والفولاذية أكثر من ٢١ مليون طن أنتج منها ١١,٢ مليون طن. ويختلف استهلاك الطاقة في إنتاج الحديد والفولاذ حسب الطريقة المستخدمة إذ تراوحت الطاقة النوعية في البلدان الصناعية، في الطريقة التي تعتمد الأفران العالية، بين ٤٨٠ و ٦٢٠ كيلوجرام م.ن./طن، وفي الطريقة الثانوية، التي تستخدم الأفران الكهربائية لصهر الخردة وتحويلها إلى فولاذ، تراوحت الطاقة النوعية بين ١٤٤ و ١٨٦ كجم م.ن./طن.

٢- تحسين كفاءة استخدام الطاقة في صناعة الحديد

انطلاقاً من الاستهلاك الكثيف للطاقة في هذه الصناعة فقد أولت الدول الصناعية المتقدمة اهتماماً بالغاً في تحسين كفاءة استهلاك الطاقة في مراحل الإنتاج المختلفة، وقد تركزت الجهود في عدة مجالات اشتملت على تطوير وتحسين كفاءة التصنيع بشكل عام والاستخدام الأمثل للموارد بما في ذلك إعادة تدوير المنتجات الحديدية المستعملة وكذلك على الطرق التكنولوجية المستخدمة وفيما يلي عدد من الإجراءات التي حققت وفورات ملموسة في استهلاك الطاقة:

١. اعتماد أنظمة الصيانة الوقائية وتأهيل العناصر وتدريبها على اتباع برامج محددة لتحسين الكفاءة.
٢. وضع برامج لإدارة الطاقة بما في ذلك استرجاع الطاقة الضائعة.
٣. استعمال وقود أنظف (مثل النفط أو الغاز الطبيعي بدل فحم الكوك) وتحسين كفاءة أفران الصهر.

٤. منع تسرب الحرارة من داخل الفرن عبر استعمال مواد سيراميكية عازلة للحرارة وإعادة استعمال الطاقة الحرارية التي تتسرب من الأفران مع الغازات.

٥. اعتماد الدورات المركبة لإنتاج الطاقة الكهربائية والبخار داخل المصنع.

٦. تحسين كفاءة الاحتراق عبر التحكم بكمية الهواء اللازمة لعملية الصهر داخل الأفران.

٧. التحكم بمستوى ضغط الهواء داخل الأفران.

٨. تحسين أجهزة مراقبة عملية الصهر والتي تؤدي إلى خفض في استهلاك الطاقة.

٩. التسخين المسبق للهواء المستعمل في عمليات الاحتراق باستخدام غازات العادم.

<u>٣- دراسة حالة عدد من مصانع الحديد والصلب في بعض الدول العربية</u>

بلغ الاستهلاك النوعي للطاقة في الشركة العربية لصناعة الحديد الأردنية ٦٩ كجم.م.ن./طن وينتج حديد درفلة قضبان والتسليح، وبلغ في الشركة العامة للحديد في سورية ٢٣٦ كجم م.ن./طن ويتم فيها صهر الخردة وإنتاج قضبان التسليح. وفي شركة الحديد والصلب المصرية (حلوان) ٦٧٨ كجم م.ن./طن ويتم فيها تصنيع الحديد من الفلزات في الأفران العالية وإنتاج حديد المسطحات وقضبان التسليح. وفي شركة الإسكندرية الوطنية للحديد والصلب ٥٨٣ كجم م.ن./طن وتنتج قضبان التسليح وحديد المسطحات.

وتتباين نسبة كلفة الطاقة المستهلكة في صناعة الحديد والصلب من الكلفة الكلية للإنتاج حسب طريقة التصنيع وكفاءة الاستهلاك وأسعار الطاقة، فهي ٣١٫٢ في المائة في شركة الحديد والصلب المصرية (حلوان) بينما تساوي ٧ في المائة في شركة الإسكندرية الوطنية للحديد والصلب المصرية.

وقد بينت كل من الشركة العربية لصناعة الحديد والصلب في المملكة الأردنية وشركة الإسكندرية للحديد والصلب في جمهورية مصر- العربية أنهما قامتا بتطبيق كل تقنيات ترشيد الطاقة الممكنة وهي: التحكم بالعمليات التصنيعية، واستخدام نظم استرجاع الحرارة الضائعة، وتحسين كفاءة الاحتراق، ونظم إدارة الطاقة، وتحسين معامل القدرة، واستخدام محركات كهربائية عالية الكفاءة، والعزل الحراري للتوصيلات، والإنارة عالية الكفاءة.

صناعة الأسمدة

١- استهلاك الطاقة في صناعة الأسمدة

تساهم البلدان العربية بنسب مختلفة من أنواع الأسمدة في الإنتاج العالمي. فقد أنتجت ٨٫٦٢ مليون طن أمونيا مثلت ٧ في المائة من إنتاج الأمونيا العالمي و ٩٫٩ مليون طن يوريا مثلت ٩ في المائة من إنتاج اليوريا العالمي، وبحدود ٣ مليون طن سوبر فوسفات بنسبة ٥ في المائة من الإنتاج العالمي وبحدود ٢ مليون طن بوتاس مثلت ٤ في المائة من إنتاج البوتاس العالمي ويعطي الجدول التالي الاستهلاك النوعي لأنواع الأسمدة في عدد من شركات صناعة الأسمدة في بعض الدول العربية.

٢- تحسين كفاءة استخدام الطاقة في صناعة الأسمدة

يتم ترشيد استهلاك الطاقة وتحسين كفاءة استخدامها في صناعة الأسمدة عبر محورين أساسيين:

أ-   تخفيض الاستهلاك النوعي للطاقة عبر تحسين كفاءة التقنيات المستخدمة واستخدام تقنيات حديثة والاستفادة من الحرارة الضائعة واسترجاع الهيدروجين، وتقليل الفاقد في الطاقة الكهربائية المستهلكة وتحسين معامل القدرة.

ب- تحسين كفاءة الاستخدام لدى المستهلك النهائي ،وترشيد استهلاك الأسمدة، حيث تساهم الإجراءات المتخذة في هذا المجال في تخفيض كمية الطاقة الإجمالية اللازمة لتصنيع الأسمدة.

٣- حالة عدد من شركات تصنيع الأسمدة في الدول العربية

يوجد عدد كبير من شركات صناعة الأسمدة في الدول العربية منها ٢٤ شركة في دول الإسكوا، يمتلك نصفها القطاع الخاص أو يخضع للملكية المشتركة. وينتج القسم الأكبر من هذه الشركات الأمونيا واليوريا، ومن هذه الشركات:

أ- شركة الرويس لصناعة الأسمدة في دولة الإمارات العربية، وتملك منها شركة نفط أبو ظبي الثلثين وشركة توتال فيينا ألف بحصة الثلث. تنتج الأمونيا واليوريا وتستخدم تجهيزات ذات كفاءة عالية. وتعمل على إدخال التقنيات التي تساعد في تحسين كفاءة عمل المنشأة.

ب- الشركة المالية والصناعية المصرية وهي شركة مساهمة تابعة للقطاع الخاص تنتج حمض الكبريت، والسماد السوبر فوسفات وتبلغ كلفة ٧ في المائة من إجمالي كلفة الإنتاج. وقد أنشأت الشركة لجنة مراقبة لتحسين كفاءة الطاقة بإجراء التدقيق الطاقي شهرياً، والاستفادة القصوى من البخار المفقود، والتأكد من عزل خطوط البخار والمياه الساخنة وتقليل الفاقد في الطاقة الكهربائية بتطوير وتحسين نظم الإنارة، والاستهلاك الأمثل للمحركات الكهربائية وتحسين معامل القدرة الكهربائية.

ج- شركة قطر للأسمدة "قافكو"، تنتج الأمونيا واليوريا، وتعمل على توسيع هذه الصناعة وزيادة كفاءة المنشأة، وتعتمد الشركة برامج صيانة دورية ووقائية متطورة واستخدام أحدث التقنيات العالمية.

د- الشركة العامة للأسمدة في سوريا، تنتج اليوريا والكالنتر والسوبر فوسفات الثلاثي. وتستخدم الغاز الطبيعي كوقود ومادة مغذية للصناعة، وتستهلك

الشركة ٣ أضعاف المعدل العالمي للاستهلاك الطاقة في إنتاج اليوريا وضعف المتوسط العالمي لإنتاج سوبر فوسفات، مما يتطلب إجراءات فعّالة لتحسين كفاءة الطاقة في هذه الشركة.

هـ- شركة أبو قير للأسمدة والصناعات الكيمياوية المصرية، تنتج اليوريا والنترات مستخدمة الغاز الطبيعي كوقود ومادة مغذية وتستهلك الطاقة بكفاءة قليلة ويعزى ذلك إلى عدم وجود تشريعات لترشيد الطاقة، كما يساهم انخفاض سعر الغاز الطبيعي المستخدم في عزوف الشركة عن إجراءات تحسين كفاءة الطاقة.

و- شركة البوتاس العربية في الأردن، تنتج الشركة كلوريد البوتاسيوم، وتستخدم الطاقة الشمسية للتبخر، وتستخدم الوقود الثقيل والديزل والكهرباء، وتقدر كلفة الطاقة ٢٧ في المائة من الكلفة الكلية للإنتاج. ولا تتوافر معلومات عن إجراءات للترشيد.

ز- شركة أبو زعبل للأسمدة والكيمياويات، تنتج الأسمدة الفوسفاتية وحمض الكبريت، وتعتمد على الكهرباء بنسبة ٩٥ في المائة و ٥ في المائة غاز طبيعي.

صناعة الزجاج

١- استهلاك الطاقة في صناعة الزجاج

ينتج الزجاج على شكل مسطح وزجاج مستوعبات. وتستهلك صناعة الزجاج كميات كبيرة من الطاقة، ويتراوح متوسط الاستهلاك النوعي للطاقة بين ٣٠٠ كجم م.ن./طن في زجاج المستوعبات و ٤٥٤ كجم م.ن./طن من الزجاج المسطح. وقدر المتوسط العالمي للاستهلاك النوعي للطاقة في صناعة الزجاج بحدود ٤٠٠ كجم م.ن./طن، بينما تشير التقديرات إلى أن متوسط الاستهلاك النوعي للطاقة في صناعة الزجاج في الدول العربية بحدود ٥٠٠ كجم م.ن./طن.

ويقدر مجموع استهلاك الطاقة في صناعة الزجاج بحدود مليون طن م.ن. سنوياً. وتتباين نسبة كلفة الطاقة إلى الكلفة الكلية للإنتاج وفقاً لنوعية الزجاج وتبلغ هذه النسبة ٣٠ في المائة في مصنع سوليفر لبنان، و ١٤ في المائة في صناعة الزجاج في السورية (أسعار الطاقة مدعومة) بينما تساوي ١٢ في المائة في صناعة الزجاج الأمريكية.

٢- تحسين كفاءة استخدام الطاقة في صناعة الزجاج

تشير التجـارب والدراسـات المختلفـة إلى تـوافر إمكانـات وفرص كبـيرة لتحقيق وفر ملموس في الاستهلاك النـوعي للطاقـة في صناعة الزجاج وتتركـز الإجراءات في هذا المجال على:

أ- زيادة كفاءة الصهر في الأفران عبر استرجاع الحرارة الضائعة والتحكم في كميـة الهـواء الزائـد وتحسـين العـزل الحـراري وخفـض معـدل استهلاك البخار المستخدم في تسخين الوقود السائل الثقيل؛

ب- زيادة نسبة الكوليت (حطام الزجاج المستعمل) في مزيج المواد الأولية حيث بينت الدراسات الفنيـة أن استعمال حطـام الزجاج بمعدل ١٠ في المائة في مزيج المواد الأولية يؤدي إلى خفض في استهلاك الطاقة بحوالي ٣ في المائة. وتصل نسبة الكوليت في صناعة الزجاج الأوروبية والأمريكية إلى حوالي ٥٠ في المائة [٢٧].

ج- استخدام التقنيات المتطورة ومن ذلك: التسخين الكهربائي الـداعم (electric boosting) في مرحلة الصهر واستخدام هواء مشبع بالأوكسجين (Oxy-fuel firing) في عمليات الاحتراق والتسخين المسبق للكوليت وكذلك التسخين المسبق للمزيج وذلك باستخدام حرارة الغازات المنطلقة في الجو.

---

٢٧ Ruud G.C. Beerkers Johannes Vanlimpt. *Energy Efficiency Benchmarking of Glass Industry*, Netherlands.

د- تحسين معامل القدرة واستخدام المحركات وأجهزة إنارة عالية الكفاءة.

٣- حالة عدد من شركات صناعة الزجاج في بعض الدول العربية

(أ)   الشركة اللبنانية لصنع الزجاج والبورسلان المساهمة (سوليفر) [٢٨]

شركة يملكها القطاع الخاص، تنتج ٣٤ ألف طن من المستوعبات الزجاجية سنوياً وتستخدم غاز البترول المسال والديزل والكهرباء كمصادر للطاقة، ويبلغ الاستهلاك النوعي للطاقة حوالي ٢٨٤ كجم م.ن. و ٣٦٠ ك.و.س. لكل طن منتج. وتبلغ كلفة الطاقة المستهلكة ٣٠ في المائة من كلفة الإنتاج وذلك لارتفاع تسعيرة الكهرباء وارتفاع كلفة تشغيل المولدات الخاصة وقد اتخذت الشركة الإجراءات الممكنة لترشيد الطاقة وتحسين كفاءة استخدامها. وأهم عوائق تحسين الكفاءة هو عدم توفر رأس المال اللازم لتحديث أجهزة وأنظمة الإنتاج.

(ب)   الشركة العامة للصناعات الزجاجية والخزفية، دمشق، سورية [٢٩]

شركة تملكها القطاع العام، تنتج ٣٥ ألف طن من الزجاج المسطح، السادة والمحجر و ١٢ ألف طن من زجاج المستوعبات و ٦ آلاف طن من السيليكات. وتستخدم الشركة غاز البترول المسال والكهرباء والديزل، ويبلغ الاستهلاك النوعي ٨٠٠ كجم م.ن./طن من الزجاج السادة، و ٥٧٨ كجم م.ن./طن من زجاج القوارير. وتشكل كلفة الطاقة ١٤ في المائة من كلفة الإنتاج. وتعتمد الشركة عدداً من الإجراءات والتقنيات في ترشيد استهلاك الطاقة.

(ج)   شركة مصر للزجاج

تنتج الشركة بحدود ٤٨ ألف طن من زجاج القوارير وتستهلك الغاز الطبيعي كمصدر للطاقة ويعتبر الاستهلاك النوعي ٥٠٠ كجم م.ن./طن وهو معدل

---

٢٨ استبيان شركة سوليفر.
٢٩ استبيان الشركة العامة للصناعات الزجاجية والخزفية.

مرتفع بالمقارنة مع المتوسط العالمي والمعدلات العالمية. مما يشير إلى وجود فرص لتحسين كفاءة الاستخدام وترشيد الاستهلاك.

أمن الطاقة العربي

هناك مخاطر جمة تتهدد أمن الطاقة في العالم عامة والعالم العربي خاصة، من أهمها النهم الأمريكي للاستئثار بالبترول والذي يوصف بأنه مصلحة قومية أمريكية يجب حمايتها بكافة السبل المشروعة وغير المشروعة التي يمكن أن تصل إلى حد تغيير المبادئ والقوانين التي حكمت النظام الدولي منذ معاهدة وستفاليا ١٦٤٨م القائمة على مبدأ عدم التدخل في شئون الدول الأخرى ورفض تغيير الأنظمة بالقوة والتي أصبحت سياسة رسمية للولايات المتحدة بعد إقرار مبدأ الحرب الاستباقية كإحدى دعائم الإستراتيجية الأمريكية للقرن الواحد والعشرين والتي شملت أيضًا العمل على توسيع التواجد العسكري الأمريكي في العالم والذي بلغ نصف مليون جندي، ثم الإعلان مؤخرًا عن مشروع فرض الوصاية على منظمة "الأوبك" من خلال إقرار الكونجرس الأمريكي للقانون المعروف اختصارًا باسم "النوبك الأمريكي" والذي يهدف إلى التحكم بالنفط العالمي .

وتزداد هذه المخاطر بدخول فاعلين دوليين جدد أمثال (روسيا والصين والهند) إلى ساحة السباق للفوز بجزء من كعكة النفط العالمي، خاصة العربي والخليجي منه، وهو ما أدى إلى تزايد الطلب على النفط بصورة كبيرة. وتشير تقارير الوكالة الدولية للطاقة إلى أنه خلال عامي ٢٠٠٤ و٢٠٠٥ وصلت الحاجة العالمية للنفط إلى حوالي ٨٢ مليون برميل سترتفع سنة ٢٠١٠ إلى ٩٠ مليون برميل، ثم إلى ١٢٠ مليون برميل سنة ٢٠٣٠ تذهب معظمها إلى البلدان الرأسمالية.

وفي وضع يشهد ضعفًا في إمكانيات الإنتاج، ونضوب النفط في الكثير من مناطق إنتاجه حول العالم، باستثناء منطقة الشرق الأوسط التي تعتبر الخزان القابل للزيادة، حيث تفيد التقديرات إلى أن الخليج به حولي ٨٤% من الاحتياطات النفطية

المؤكدة، تتركز المخاطر التي تهدد أمن الطاقة في منطقة الشرق الأوسط، وهو ما يؤثر سلبًا على اقتصاديات بلدانها ويجعلها أسيرة التطورات التي تشهدها أسواق النفط، ما يدفع للتساؤل عن آليات تأمين النفط في المنطقة. لكن قبل ذلك لا بد من التعرف على المخاطر التي تتهدده.

أخطار تهدد أمن الطاقة العربي

تتعدد المخاطر التي تهدد النفط العربي ما بين مخاطر داخلية نابعة من التطورات داخل دول العالم العربي، ومخاطر خارجية نابعة من الصراع الدولي على امتلاك مصادر الطاقة والتي تتركز في هذه المنطقة، وهناك نوع ثالث من المخاطر ناتج عن قرب نضوب النفط.

المخاطر الداخلية

النمو المتزايد في استهلاك الطاقة في الدول العربية خلال السنوات العشر الماضية:

يمثل النفط والغاز الطبيعي ٩٧% من استهلاك الطاقة في الدول العربية. وقد أدى تزايد معدلات النمو السكاني بنسبة ٢,٤ %سنويًا خلال العشرين عامًا الماضية (١٩٨٥ - ٢٠٠٥) واقترانها بزيادة في الدخل القومي بلغت في نفس الفترة ٤,٢% إلى ارتفاع متوسط استهلاك الفرد من النفط من ٧,٣ براميل عام ١٩٨٥م إلى ٨,٩ براميل عام ٢٠٠٠م، ثم إلى ٩,٤ براميل نفط عام ٢٠٠٥م، أي بمعدل نمو سنوي بلغ ١,٣%. ويتوقع ارتفاع متوسط استهلاك الفرد من الطاقة في الدول العربية ليصل إلى ١٢,٨ برميلا عام ٢٠٢٠، أي بزيادة سنوية قدرها ٢,١%.

وبالنسبة للغاز فقد تزايدت معدلات استهلاكه هو الآخر، حيث زاد الاستهلاك أكثر من ضعفين في الفترة ١٩٨٥ - ٢٠٠٥م وبزيادة سنوية بلغت ٥,٧%. ومن المتوقع أن يصل الطلب على الغاز الطبيعي في الدول العربية إلى ٦,٤ ملايين برميل عام ٢٠٢٠م مقارنة بـ٣,٣ ملايين عام٢٠٠٥ م، أي بزيادة تبلغ نسبتها ٤,٤% سنويًا.

وإذا ما أخذنا في الاعتبار التوقعات والمؤشرات عن اقتراب موعد نضوب البترول في المنطقة العربية (وفقًا لتقرير النظرة الاقتصادية الإقليمية: الشرق الأوسط آسيا، سبتمبر ٢٠٠٦م والصادر عن صندوق النقد الدولي)، فإن الأمر سيكون أكثر سوءًا في المستقبل، وهو ما يتطلب ضرورة السعي لتقنين الاستهلاك والبحث عن مصادر طاقة بديلة.

المخاطر الخارجية

تتمثل المخاطر الخارجية في الصراع الدولي على السيطرة على مصادر الطاقة في المنطقة، وتتجلى مؤشرات هذا الصراع فيما يلي:

١- النوبك الأمريكي: وهو القانون الذي وافق عليه مؤخرًا مجلس النواب الأمريكي ويحمل عنوان (قانون لا تكتلات لإنتاج وتصدير النفط لعام ٢٠٠٧) والذي يعرف اختصارًا باسم "النوبك" والذي يعطي للحكومة الأمريكية إمكانية مقاضاة منظمة الأوبك والمنظمات المماثلة لها، بدعوى التحكم في أسعار النفط.

وأول الآثار المترتبة على هذا القانون إلغاء الحصانة السيادية لأعضاء "الأوبك" على ثرواتهم النفطية. فسماح القانون لوزارة العدل الأمريكية بمقاضاتهم أمام المحكمة الأمريكية تحت مبررات واهية متمثلة في أن نظام حصص الإنتاج في الأوبك يدخل في إطار مؤامرة تؤدي بصورة غير عادلة إلى رفع تكلفة النفط الخام لإشباع طمع مصدِّري النفط، يعني أن هذه الدول أصبحت تحت سيادة الدولة الأمريكية مثلها مثل باقي الشخصيات الاعتبارية التي تخضع للقانون الأمريكي.

ويأتي هذا المشروع متوافقًا مع المجهودات الأمريكية الرامية إلى إلغاء أي دور أو وزن حقيقي للنفط العربي في السياسة الدولية، وعدم السماح باستخدامه كورقة ضغط سياسية للتحكم في مصير العالم المعاصر، كما حدث من قبل خلال حرب أكتوبر عام ١٩٧٣، خاصة في ظل الفشل الأمريكي والغربي الذريع في محاولات إيجاد مصادر طاقة بديلة (والتي أنفقت عليها منذ عام ٢٠٠١ وحتى الآن نحو ١٠

مليارات دولار) أو باكتشاف مناطق نفطية جديدة، حيث اصطدمت بالتكاليف العالية للبحث والتنقيب (كما حدث في النرويج وبحر الشمال والإكوادور وألاسكا وكندا وأستراليا). وكذلك الفشل في السيطرة على بحر قزوين والتدخل في الشئون الداخلية لقرقيزيا وأذربيجان وكازاخستان وجورجيا وأوكرانيا وأرمينيا؛ بسبب مواجهة كل من روسيا وإيران لهذه المحاولات.

ولذا فقد سعت الحكومات الغربية لتشديد ضغوطها على الدول العربية لإقناعها بعودة الشركات الاحتكارية للمشاركة في إنتاج النفط والغاز بالمنطقة وفقًا لنظام يؤمن مصالح هذه الشركات ويعطي الفرصة لتحجيم دور دول الأوبك أو إلغائه، والعمل على إعادة تشكيل السوق الدولية للنفط بما يتوافق مع المخططات الغربية-الصهيونية الرامية إلى الهيمنة على النفط العالمي.

إن هذا الهدف الإستراتيجي الأمريكي (السيطرة على حقول النفط) هو الذي حدا بها إلى شن الحروب على العديد من دول العالم- وما مثال حربها على أفغانستان في العام ٢٠٠١ وعلى العراق في العام ٢٠٠٣ ببعيد- وإقرار مبدأ الحرب الاستباقية، وتوسيع التواجد العسكري الأمريكي في العالم. وكذلك محاولاتها بذر الفتنة بين الدول العربية والسعي لتجزئة الوطن العربي إلى كيانات ودويلات صغيرة على أسس طائفية وعرقية، كما يحدث الآن في العراق، كل ذلك بهدف التحكم في الثروات البترولية العربية وفرض الوصاية عليها.

٢- دخول دول جديدة حلبة السباق الدولي على النفط العربي-الخليجي:

ترتب على النهضة الصناعية الكبرى التي تشهدها العديد من دول العالم خاصة الصين والهند، ارتفاع الطلب العالمي على النفط وتحديدًا على النفط العربي الذي يمثل ٨٤% من الاحتياطات النفطية المؤكدة. فبالإضافة إلى دخول هؤلاء الأعضاء الجدد إلى سوق النفط، هناك الأعضاء القدامى الذين يزداد طلبهم على النفط بدرجة كبيرة، حيث تشير الوكالة الإعلامية الأمريكية لشئون الطاقة إلى أن واردات أمريكا

الشمالية من النفط الخليجي سوف تتضاعف في الفترة مـن بـين ٢٠٠٢ - ٢٠٢٥م؛ إذ إنه من المتوقع أن تأتي أمريكا الشمالية في المركز الثاني بعـد الصـين مـن حيـث حجم وارداتها من نفط الشرق الأوسط وشمال إفريقيا في نفس الفترة، خاصـة في ظل توجه الصين للاعتماد شبه الكلـي لوارداتها مـن النـفط عـلى هـذه المنـاطق، حيث تحصل على حوالي ٤٠% من استهلاكها الذي زاد بنسبة ٧٥% في الفترة مـا بين عامي ٢٠٠٢ - ٢٠٠٤م.

وينطبق ذلك أيضًا على الهند التي تعاني من نقص في الموارد الثابتة المستقرة للطاقة؛ إذ لا يكفيها الإنتاج المحلي الذي تقدمه هذه الموارد وتستورد ٧٠% من استهلاكها من النفط. وتشير إحدى الدراسات الاقتصادية لـ"جولدمان ساشز" إلى أنه في ظل زيادة حجم الاستثمارات الصناعية في الهند، خاصة في سوق السيارات، فإن نسبة استهلاكها للنفط ستزداد بصورة كبيرة. وهو الأمر الذي دفع الهند إلى توجيه اهتمام كبير لأمن واستقرار منطقة الخليج التي تعتمد عليها بشكل كبير في الحصول على احتياجاتها النفطية.

٣- الصراع الغربي الإيراني وتأثيره على تدفقات النفط:

يكتسب مضيق هرمز أهمية كبيرة من النواحي الإستراتيجية والسياسية والاقتصادية كونه معبرًا لحوالي ثلثي الإنتاج النفطي الذي يستهلكه العالم.

ومع تصاعد وتيرة الصراع بين الدول الغربية وإيران حول برنامجها النووي وإمكانية تطور هذا الصراع إلى حرب، فإن هناك مخاطر كبيرة تهدد مضيق هرمز، وبالتالي خطوط نقل النفط الذي تمر عبره، خاصة في ظل تهديد إيران بغلق المضيق في حال تعرضها لضربات عسكرية من جانب الولايات المتحدة وإسرائيل؛ وهو ما سيترتب عليه ارتفاع كبير في أسعار النفط ستكون نقلة نوعية مختلفة عما حدث من قبل في هذه الأسعار

وتستطيع إيران التي تسيطر على مضيق هرمز- بفضل احتلالها جزر الإمارات طنب الكبرى والصغرى وأبو موسى- تنفيذ تهديداتها وتعريض العالم لصدمة نفطية قد تكون مدمرة، ولا تقوى الاقتصاديات الغربية على تحملها. ولعل هذا ما يدفع العديد من الدول الغربية، إضافة إلى روسيا والصين، إلى اعتبار أي محاولة أمريكية أو إسرائيلية لتوجيه ضربة عسكرية لإيران بمثابة "الجنون بعينه."

مخاطر طبيعية

النوع الثالث من المخاطر يتعلق بطبيعة النفط ذاته كمادة قابلة للنضوب وغير متجددة، حيث تشير التوقعات إلى أن عصر النفط الذي يشكل أكثر من ثلث الطاقة المستخدمة في العالم قد أوشك على الأفول في خلال أقل من نصف قرن بعد ما أحرق العالم تريليون برميل من إجمالي تريليونين برميل.

وتتأكد هذه التوقعات في ظل عجز الجهود الدولية عن اكتشاف مزيد من الحقول الجديدة أو وقف النهم المتصاعد في استهلاكه.

آليات تأمين أمن الطاقة العربي

وفقًا لمعطيات التقرير الثاني للأمين العام لمنظمة الأقطار العربية المصدرة للبترول (أوابك) لعام ٢٠٠٥/ ٢٠٠٦، فإن العالم يمتلك مصادر بترولية مؤكدة لا تزيد عن ١٢٦٦ بليون برميل نفط وإن الاحتياطي العالمي القابل للاستخراج من النفط يقع في حدود ١١٣١,٦ بليون برميل في عام ٢٠٠٥ م، يمتلك العرب منه نظريًا ٦٦٧,٤ بليون برميل. كما أنه وفقًا للتقرير فإن احتياطي الغاز الطبيعي يبلغ حوالي ١٨١,٨ تريليون متر مكعب، يوجد منها ٢٩,٣% في الأراضي العربية.

وإذا وضعنا في اعتبارنا أن معدل إجمالي الإمدادات البترولية العالمية قد بلغ عند نهاية عام ٢٠٠٥م ٨٤,٣ مليون برميل يوميًا، ساهمت دول الأوابك بحوالي ٣٤,١

مليون برميل منها، فإن هناك حاجة ملحة لتأمين مصادر الطاقة العربية، خاصة في ظل المخاطر التي تتهددها كما أشرنا آنفًا.

وفي هذا الإطار لا بد من تنشيط الآليات العربية لتحقيق هذه الحماية وبخاصة (منظمة أوابك) من خلال رسم سياسات مشتركة لتنمية عملية التصنيع العربي للنفط والغاز الطبيعي؛ لتعزيز الموقف التفاوضي العربي في سوق النفط والغاز الدولية، ومواجهة الضغوط الأمريكية والأوروبية لسياسة (التسعير المزدوج) للغاز الطبيعي أو نظم الضرائب المفروضة على واردات النفط والغاز لأوروبا وأمريكا.

كذلك يجب العمل على تعزيز التعاون العربي مع الدول المنتجة في المناطق الأخرى من العالم كبحر قزوين، والسعي لإقامة شراكة عربية روسية في مجال النفط والغاز للعمل على إمداداته بأسعار معقولة.

كما يتعين على الدول العربية والخليجية البحث عن برامج للتطوير والتنمية لتنويع اقتصادياتها، وبالتالي مصادر دخلها وعدم الانتظار إلى نفاد النفط، وذلك من خلال تبني الحكومات العربية سياسة النهوض بالبنية الأساسية التي تمثل ضرورة ملحّة لعملية التنمية، وكذلك العمل على الربط بين مخرجات العملية التعليمية ومتطلبات سوق العمل وتطوير الأبنية التعليمية وإعداد وتدريب المعلمين، والتوسع في التعليم الفني والصناعي والتجاري، بهدف تلبية احتياجات التنمية.

ومع ارتفاع معدلات البطالة العربية، لا بد من العمل على الاهتمام بإصلاح سوق العمل العربي من خلال تنفيذ برامج تدريبية لتأهيل ورفع المهارات البشرية، وتقديم إصلاحات سياسية واقتصادية تعمل على توفير البيئة الملائمة لتشجيع القطاعات غير النفطية، من خلال تعزيز الانفتاح الاقتصادي وتطوير الجاذبية للاستثمار الأجنبي.

الفصل الرابع........

الطاقة والبيئة والتنمية المستدامة

الطاقة.. مستوى الاستهلاك والتنمية

إذا كانت حاجيات أغلب الأجسام الحية من الطاقة تنحصر عموما في الحاجيات الغذائية، فإن الإنسان يمثل الشذوذ عن هذه القاعدة. فمتوسط الاستهلاك الفردي من الطاقة غير الغذائية يصل حاليا بالدول المصنعة إلى أضعاف مضاعفة من استهلاكه من الطاقة المشحونة على الحوامل القابلة للهضم (أي الطاقة الغذائية)

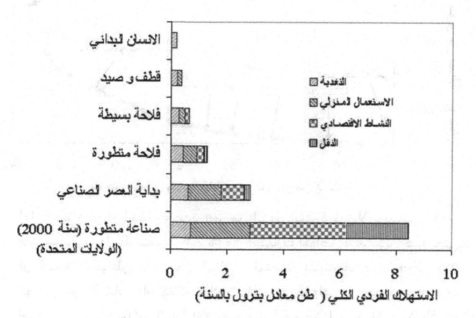

الشكل (١) : تطور حاجيات الإنسان من الطاقة عبر العصور

وهذا الاستهلاك غير الغذائي من الطاقة يختلف بشكل حاد بين الدول وكذلك بين الأفراد داخل كل مجتمع. فمتوسط الاستهلاك الفردي بالولايات المتحدة من الطاقة الأولية المتاجر بها يصل حوالي ٨ أطنان معادل بترول بالسنة.

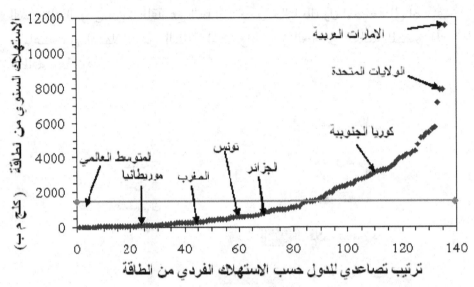

أما بالبركنافاسو أو التشاد وبعدد آخر من الدول الفقيرة فهو لا يزيد عن ٠,٠١٦ طن معادل بترول بالسنة، أي ٠,٢ % من استهلاك المواطن الأمريكي. وهذا يعني أن استهلاك مواطن واحد من الولايات المتحدة يقابله استهلاك حوالي ٥٠٠ مواطن من التشاد، واستهلاك الولايات المتحدة كدولة هو حوالي ٩ أضعاف استهلاك مجموع ساكنة القارة الإفريقية بمن فيهم من المترفين المبذرين، أفارقة وأجانب.

الشكل (٢): الإستهلاك الفردي من الطاقة

يعتبر استهلاك الطاقة غير الغذائية مؤشراً من مؤشرات التنمية ويرتبط بباقي المؤشرات ويؤثر فيها ويتأثر بها.

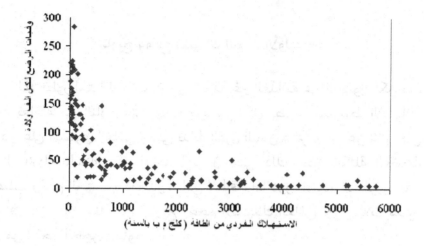

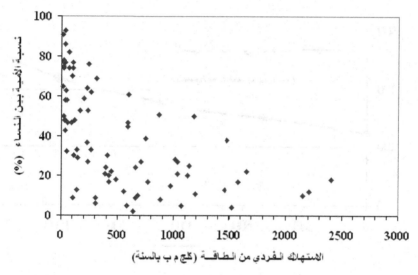

تضح جليا من هذه الرسوم أن دور مستوى الاستهلاك الفردي للطاقة جد هام ويؤثر بشكل كبير في مختلف مؤشرات التنمية. إلا أن هذا التأثير، يكون كبيرا جدا، عند ازدياد الاستهلاك المنخفض بالدول الفقيرة، ويتناقص هذا التأثير وينعدم تقريبا عند مستوى الاستهلاك العالي بالدول الغنية. أضف إلى هذا أن استهلاك الطاقة ليس هو المؤثر الوحيد في هذه المؤشرات وهو ما يفسر شكل انتشار النقط بالرسوم البيانية وعدم تواجدها على منحنى يعطي التناسب على شكل دالة معينة.

تاريخ وواقع استهلاك الطاقة الأولية

لقد تطور استهلاك الإنسان من الطاقة غير الغذائية عبر العصور، لكن منذ بداية تعامله مع النار وحتى وقت قريب بشكل بطيء. فمتوسط الاستهلاك الفردي على المستوى العالمي وحتى بداية القرن الثامن عشر لم يزد عن ٠,٢٥ طن معادل بترول بالسنة. وقد اعتمد الإنسان حتى ذلك الحين الكتلة العضوية (الحطب وفحم الخشب) كمصدر أساسي للطاقة، أما دور المصادر الأحفورية فقد كان أقل من ٢% عند هذا التاريخ (حجم الاستهلاك العالمي حوالي ثلاث ملايين طن من الفحم الحجري سنويا).

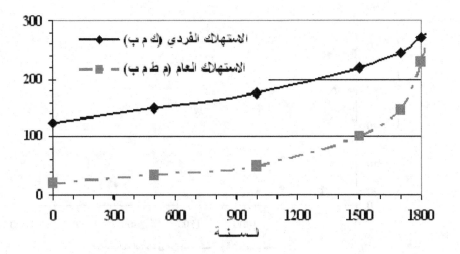

الشكل (٣): تطور استهلاك الطاقة حتى فجر الثورة الصناعية

انطلق استهلاك الفحم نهاية القرن السابع عشر ببطء، بحيث لم يصل عند منتصف القرن التاسع عشر، أي بعد ما يزيد عن قرن ونصف، إلا إلى حوالي ٥٠ مليون طن بالسنة وأصبح يمثل ما يقرب من ١٥ % من الاستهلاك العالمي العام. ويمكن اعتبار أن هذا التاريخ يمثل انطلاق الاستهلاك المكثف للمصادر الأحفورية.

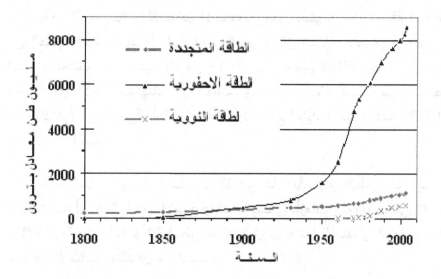

الشكل (٤): تطور استهلاك الطاقة منذ فجر الثورة الصناعية

باكتشاف البترول (قاعدة طاقية أكثر مرونة من الفحم الحجري)، تسارع استهلاك المصادر الاحفورية نظرا للتركيز العالي للطاقة بها بالمقارنة مع مستوى التركيز بالكتلة العضوية التي كانت تغطي آن ذاك جل الاستهلاك العالمي. وهذا التطور للاستهلاك هو ناتج كذلك عن سهولة نقل وادخار هذه المصادر وسهولة معالجتها من أجل توسيع مجال استعمالاتها. وقد اكتمل عقد المصادر الاحفورية بانطلاق الاستهلاك المكثف للغاز الطبيعي منذ بضعة عقود. ووصل حجم استهلاك المصادر الاحفورية للطاقة ٨،٥٤ مليار طن معادل بترول سنة ٢٠٠٣، وأصبحت تغطي حوالي ٨٢ % من مجموع الاستهلاك العالمي الذي يقدر ب ١٠،٥٠ مليار طن معادل بترول .

أما على مستوى المتوسط العالمي للاستهلاك الفردي فقد وصل مع بداية الحرب العالمية الثانية إلى حوالي ٠،٨ طن معادل بترول بالسنة. بعد هذه الحرب، تضاعف هذا المتوسط بين سنتين ١٩٥٠ و١٩٧٣ ليصل إلى ما يقرب من ١،٦ طن معادل بترول في السنة. إلا أن هذا المتوسط (أكثر من ٦ أضعاف متوسط بداية القرن الثامن عشر) ينتج خاصة عن تطور استهلاك أقلية من ساكنة العالم

(٢٠%) واستنزافها للمصادر المستعملة. فهي تستهلك جل الطاقة (٨٠ %
من الطلب العالمي). أما الأغلبية (٨٠ % من سكان العالم)، فتعيش في ظلمات
الفقر والتخلف ولا تستفيد إلا من ٢٠ % المتبقية من الطاقة. وهذا يعني أن
مواطنا من الأقلية يستهلك من الطاقة في المتوسط ١٦ ضعفا من متوسط
استهلاك فرد من الأغلبية. أما في حالة مقارنة واقع أغنياء الأغنياء بفقراء الفقراء
فإن الأبدان تقشعر.

لقد استقر متوسط الاستهلاك الفردي على المستوى العالمي منذ بداية
الثمانينيات، أي خلال الفترة الأخيرة وبعد ما يسمى بأزمات البترول لسنتي ١٩٧٣
و ١٩٧٩، ما بين ١،٦٠ و ١،٦٥ طن معادل بترول. وهذا الاستقرار هو ناتج عن
عدد من الأسباب نعتقد أن من أهمها:

-   ارتفاع الاستهلاك الفردي بالدول المصنعة من الناحية النسبية بشيء من
    البطء فقد كان أقصى ارتفاع وصل إليه هو ٤٥ % خلال الفترة بين سنتي
    ١٩٨٢ و ١٩٩٦، أي ما يعادل حوالي ٢،٧ % سنويا، وذلك باليابان. أما
    بالنسبة للولايات المتحدة، فقد حققت ١٦،٨ % خلال نفس الفترة وهو
    ما يمثل متوسطا سنويا قدره ١،١٢ %.

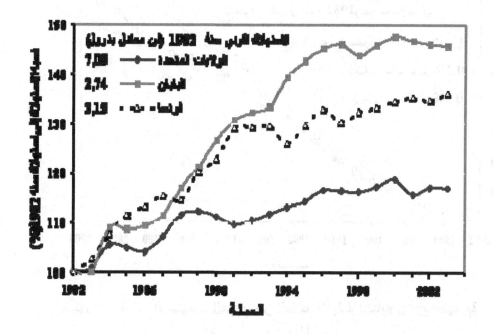

شكل (٥): تطور الاستهلاك الفردي من الطاقة بالدول الصناعية

أما من الناحية المطلقة فهذا الارتفاع النسبي الضعيف يعادل أضعاف الاستهلاك الفردي بالدول النامية. فالزيادة المطلقة بالولايات المتحدة خلال ١٤ سنة وصلت إلى ١٫٢٤ طن معادل بترول وهو ما يعادل ٤ أضعاف الاستهلاك الفردي الحالي بالمغرب. أما بدولة كمالي فالزيادة المذكورة في الاستهلاك السنوي للمواطن الأمريكي تعادل استهلاك المواطن المالي طوال عمره، هذا إن كتب الله له أن يعيش عمرا مديدا من حوالي ستين سنة، وهو ما يزيد ٢٠ % عن متوسط الأعمار بهذا البلد.

- ارتفاع الاستهلاك الفردي بالدول المصنعة الجديدة (نمور شرق آسيا) بوثيرة مذهلة، فقد تضاعف ما يقرب من أربع مرات خلال الفترة من ١٩٨٢ إلى ١٩٩٦.

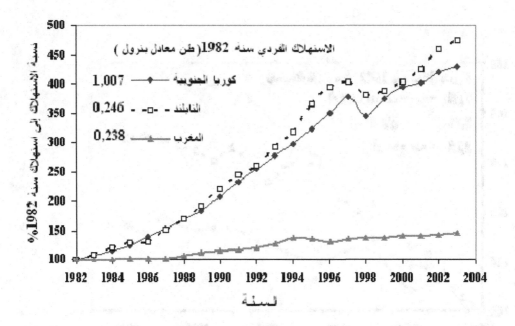

<u>شكل (٦): تطور الاستهلاك الفردي من الطاقة الأولية بالتايلاند، وبجمهورية كوريا الجنوبية وبالمغرب</u>

فبكوريا الجنوبية وصلت الزيادة المطلقة في الاستهلاك الفردي خلال ١٤ سنة من ١٩٨٢ إلى ١٩٩٦ إلى ضعف نظيرتها بالولايات المتحدة الأمريكية أي حوالي ٢،٥ طن معادل بترول، ونظرا للمنطلق المرتفع نسبيا (طن معادل بترول للفرد سنة ١٩٨٢) فإن المقارنة بما يقع بالدول الفقيرة تصبح مؤلمة ومحبطة للعزائم.

للتذكير فإن الاستهلاك الفردي بجمهورية كوريا الجنوبية كان بداية الستينات يعادل نظيره بالمغرب وأصبح منتصف التسعينات يعادل ١١ ضعفا... أما الاستهلاك الطاقي لكل مواطن بالتايلاند، والذي كان يعادل مثيله بالمغرب بداية الثمانينيات، فقد أصبح منتصف التسعينيات يمثل ثلاثة أضعافه.

لقد أصابت بعض دول شرق آسيا انتكاسة اقتصادية نهاية سنة ١٩٩٧ وخلال سنة ١٩٩٨ مما أدى إلى التراجع الواضح في الاستهلاك الفردي من الطاقة

الأولية. لكن ديناميكية المنطقة مكنتها من التغلب السريع على الانتكاسة، وعاد النمو الاقتصادي إلى سالف عهده وتطور استهلاك الطاقة الأولية إلى مساره السابق.

- هكذا نجد أنه ليس هناك من سبب لاستقرار المتوسط العالمي للاستهلاك الفردي، بالإضافة إلى زيادة نسبة ساكنة دول العالم الثالث إلى مجموع ساكنة العالم، إلا تراجع لهذا المؤشر بالعديد من الدول الفقيرة ، وهنا تكمن المخاطر. فهذا التراجع هو مؤشر لتدهور أكبر للأوضاع الاقتصادية والاجتماعية وما ينتج عن ذلك من عدم استقرار في الأوضاع السياسية واضطرابات اجتماعية وتدهور الأمن الداخلي والعلاقات مع الدول المجاورة، وهو ما نعيشه بالعديد من الدول الفقيرة.

الرسم البياني يعطي تطور استهلاك المواطن من الطاقة بين سنتي ١٩٨٠ و ١٩٩٥ ب ٢٦ دولة إفريقية، كان الاستهلاك الفردي بها سنة ١٩٨٠ أقل من ٠،١٨ طن م ب بالسنة، أي حوالي ٢،٥ % أو أقل من استهلاك مواطن من الولايات المتحدة الأمريكية (٧،٠٨٠ طن معادل بترول).

لقد قسمنا الرسم البياني إلى ثلاث أقسام:

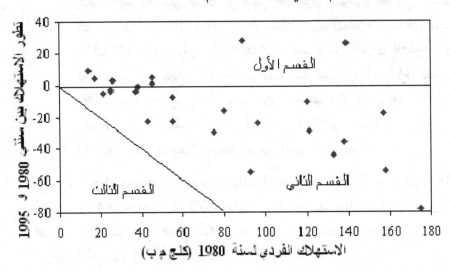

الشكل(٧): تطور الاستهلاك الفردي من الطاقة الأولية بالدول الفقيرة

- بالقسم الأول نجد الدول التي ازداد بها الاستهلاك المتوسط للمواطنين من الطاقة وعددهم ٧. وأكبر زيادة تحققت كانت هي ٣٠ كج م ب خلال الخمس عشرة سنة بأكملها، أي أنه لم يقع أي تغير فعلي للأوضاع الطاقية لهؤلاء المواطنين.

- بالقسم الثاني نجد الدول التي تراجع استهلاك المواطنين من الطاقة بها، وهم الأغلبية، إذ وصل تعدادهم ١٩ دولة. وقد كان التراجع عموما أكبر، وأحيانا أكبر بكثير (٧٩ كج معادل بترول) من الزيادة القصوى التي تحققت بدولتين من القسم الأول.

- بالقسم الثالث لا توجد دول، لاستحالة تراجع في الاستهلاك أكبر من الاستهلاك نفسه.

إن إفريقيا (أو على الأقل عدد من الدول الفقيرة بها) توجد في أوضاع جد حرجة حتى لا نقول إنها تحتضر. فهل يعقل أن ينخفض استهلاك من لا يستهلك؟

لتغطية الطلب على الطاقة يستهلك الإنسان حاليا بالأساس المصادر الأحفورية. فهذه المصادر تغطي حوالي ٨٢ % من الطلب العالمي و٩٠ % من طلب الدول المصنعة. ويأخذ البترول الموقع الأول بينها بنسبة تصل حوالي ٣٥ %، يتلوه الفحم بنسبة ٢٥ % أما باقي الطلب العالمي على المصادر الأحفورية فيغطيه الغاز بنسبة ٢٢ %. وقد وصل حجم استهلاك هذه المصادر سنة ٢٠٠٣ إلى ٨٫٥٤ مليار طن معادل بترول. أما بقية الاستهلاك العالمي من الطاقة الأولية فتغطيه الطاقات المتجددة التقليدية (الكتلة العضوية: أساسا الحطب وفحم الخشب، والطاقة الجيوحرارية وغيرها) بحوالي ١٠ %، والطاقة الكهرومائية بما يقرب من ٢٫٣ %، والطاقة النووية بحوالي ٥٫٧ %.

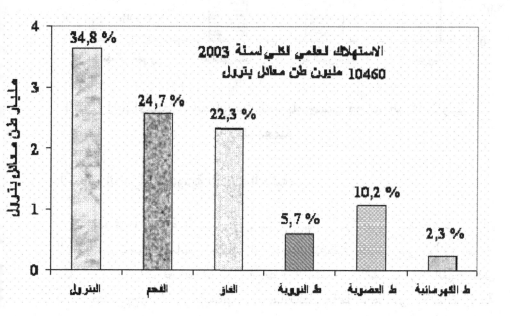

الشكل (٨): الاستهلاك العالمي من الطاقة الأولية حسب المصادر

هذا بالنسبة للطاقة الأولية، أما بالنسبة لإنتاج الكهرباء فإن دور المصادر الاحفورية يتراجع إلى حوالي ٦٨ % بالمقارنة مع ٨٢ % بالنسبة للطلب على الطاقة الأولية، لكن رغم هذا التراجع فإن هذه المصادر تظل في الموقع الأول

بدون منازع، تتلوها الطاقة النووية بِما يقرب من ١٥،٧ % والكهرومائية بحوالي ١٥،٦ %. أما المصادر الأخرى فتتمثل في الطاقة الجيوحرارية وطاقة الكتلة العضوية والطاقة الريحية و الطاقة الشمسية وغيرها.

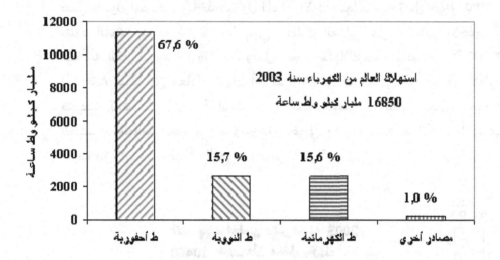

<u>الشكل (٩): الاستهلاك العالمي من الكهرباء حسب مصادر الطاقة الأولية المستعملة</u>

الأسباب الطاقية لمحدودية التنمية الحالية:

إذا قارنا تجربة الإنسان في ميدان التنمية مع تجربة الطبيعة في ميدان التطور من ناحية خصائص المصادر المستعملة لتغطية الطلب على الطاقة، تتضح بكل جلاء سلبيات تجربة الإنسان وأخطار الاستمرار والتشبث بهذا النهج الذي أصبح يهدد وجود ليس الإنسانية وحدها فقط، وإنما غيرها من الكائنات الحية أيضا.

فالإنسانية تعتمد من ناحية الكم على رصيد طاقي محدود. فمهما تعددت الاكتشافات وتطورت التقنيات، فتغطيته للطلب العالمي لن تزيد عن ثلاثة أو أربعة أجيال على أكبر تقدير (هذا إذا ضاع حق و أمل الدول النامية في النمو، النمو

الذي لن يتحقق إلا بتضاعف الاستهلاك الفردي من الطاقة بهذه الدول أي استنزاف أسرع لهذا الرصيد). وعند اقتراب أو اتضاح قرب نضوب الموارد الطاقية المستعملة حاليا، فمن المؤكد أن أثمانها سترتفع جدا (و اللـه في عون الفقير). هذا من جهة، ومن جهة أخرى فالدول الغنية هي دول مصنعة تمتلك ترسانة قوية في ميادين البحث العلمي والتطوير التكنولوجي، أي تتواجد في وضعية جيدة لمواجهة المشاكل المتوقعة وغير المتوقعة. بل أكثر من هذا، فالعديد من الدول الصناعية قد دخلت في المنعطف وانطلقت في تطوير واستعمال تقنيات متقدمة للاستفادة بشكل أفضل من المصادر الطاقية المتجددة غير المحدودة من الناحية الكمية.

والإنسانية باستهلاكها للمصادر الاحفورية تتسبب في تأثيرات كبيرة على خصائص المحيط الطبيعي. فتراكم غاز ثاني أكسيد الكربون بالغلاف الجوي ينتج عنه تزايد في ظاهرة الانحباس الحراري، وبالتالي ارتفاع متوسط درجة حرارة سطح الأرض أي تغيير جذري لأحد أهم شروط تطور الحياة على الأرض.

حجم الرصيد

يصل مجموع الرصيد العالمي بداية القرن الواحد والعشرون من المصادر الاحفورية الذي يقابل الاستهلاك المذكور إلى حوالي ٧٤٠ مليار طن معادل بترول ويمثل الفحم ثلثي هذا الرصيد، أي حوالي ٤٩٠ مليار طن معادل بترول.

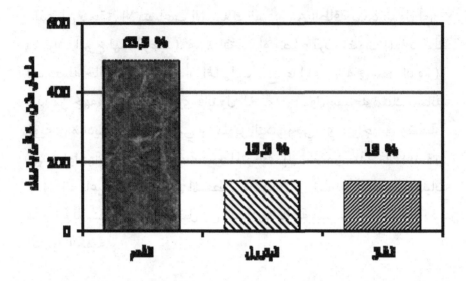

الشكل (١٠): الرصيد العالمي المؤكد من المصادر الاحفورية والنووية

إذا كانت وفرة الفحم تسمح باستمرار تغطية الطلب الحالي عليه، لأكثر من قرنين (٢١٠ سنة) فإن الوضع بالنسبة للحاملين الآخرين، البترول والغاز، يمكن اعتباره حرجا فالرصيد المؤكد لا يسمح بتغطية طلب ثابت إلا لفترة تقرب من ٤٠ سنة بالنسبة للبترول وتقرب من ٦٠ سنة بالنسبة للغاز.

أما إذا أخذنا بعين الاعتبار التزايد السكاني بالعالم وضرورة الرفع من مستوى الاستهلاك الفردي بدول العالم الثالث لتحقيق التنمية الاجتماعية والاقتصادية واعتبرنا أيضا تطور الاستهلاك العالمي منذ نهاية الحرب العالمية الثانية (٣٫٣ % كمتوسط سنوي لهذه الفترة)، فإن زيادة من حوالي ٣ %، كمتوسط عالمي خلال ثلاثة أو أربعة عقود أخرى، تعتبر ضرورية لحل العديد من مشاكل التخلف بالدول النامية (على شرط أن تتحقق هذه الزيادة أساسا بهذه الدول). في هذه الحالة (أي بزيادة ٣ % سنويا في استهلاك المصادر الاحفورية) فإن الرصيد المؤكد المذكور، لن يسمح بتغطية الطلب إلا لفترة أقل بكثير، لا تصل إلا إلى ٧٠ سنة بالنسبة للفحم وإلا إلى ٢٥ سنة بالنسبة للبترول .

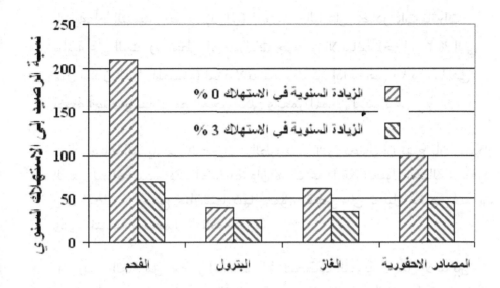

الشكل (١١): آفاق تغطية الطلب الثابت والمتزايد على المصادر الاحفورية

وحتى إذا اعتبرنا أنه يمكن تعويض حامل بآخر، أي استعمال الفحم المتوفر بكثرة عوض المنتجات البترولية والغاز الطبيعي (الشيء الذي يصعب بالنسبة للعديد من الاستعمالات كالنقل الجوي و الطُرقي، والذي لا يتحقق عند الاضطرار إلا بعد القيام بتحولات كيماوية جد معقدة)، فإن التغطية الزمنية لطلب ثابت لن تصل إلا إلى حوالي ١٠٠ سنة. أما إذا أخذنا بعين الاعتبار الزيادة المقترحة في الطلب فإن التغطية لن تصل حتى إلى نصف قرن (٤٧ سنة فقط).

وإذا أخذنا ثقالة قطاع الطاقة هي الأخرى بعين الاعتبار، فإن نصف قرن، حسب التجربة التاريخية، غير كاف لتغيير منظومة بهذا الحجم وهذا التعقيد وهذا التشابك بالشكل المطلوب. من هنا تتضح إحدى المشاكل الأساسية للوضع الطاقي الحالي وضرورة إيجاد البديل المناسب والتحرك نحو المنعطف في أقرب وقت وبشكل جدي وفعال.

إن التطور بالطبيعة (الخلق الرباني) اعتمد مصدرا طاقيا للاستجابة لمتطلبات الحياة، منسجما مع البيئة ولا ينفد بالمقارنة مع العمر المنتظر للمنظومة

الحية. أما التنمية (الصنع الإنساني) فتعتمد حاليا على مصادر ذات تأثيرات سلبية على البيئة ولا تغطي إلا متطلبات جزء من الإنسانية (حوالي ٢٠ % التي تمثل سكان الدول المصنعة) لفترة لا تستحق الذكر. إذا ما هي ٢٠ % وما هي بضعة أجيال بالمقارنة مع الحجم الكلي والعمر الممكن للإنسانية.

هناك العديد من التصورات والطروحات التي تحاول أن تقنع بأن المشكل الكمي للطاقة ليس بهذه الخطورة، وأن هناك عددا من الحلول الفعالة المتوفرة. ولأن المجال لا يسمح بمناقشتها كلها بعمق، نقتصر على تحليل مختصر لأهمها، وهي المتعلقة باستعمال الطاقة النووية.

١- رصيد العالم من النظائر المستعملة في المحطات النووية لا يمثل إلا ما بين ٥ و ٧ % من رصيد المصادر الأحفورية، أي أنه لا يغير الوضع الكمي بشكل محسوس.

٢- يظهر أن المفاعلات المتسارعة، التي كان ينتظر منها أن ترفع من الفعالية الطاقية لهذا الرصيد حوالي ٦٠ مرة وتجعله كميا ذا دور فعال، قد وقع التخلي عنها.

٣- هناك من يعتبر تأثيرات استهلاك المصادر الأحفورية على البيئة أخطر من التأثيرات الناجمة عن استغلال المصادر النووية، وهناك من هو مقتنع بعكس ذلك. وحتى لا نسقط في متاهات نقاشات عقيمة .

٤- أما تقنية الانصهار النووي التي كانت تعقد عليها الآمال وكان ينتظر، حسب تقديرات نشرت بداية الثمانينات، أن تصل إلى الاستعمال التجاري في الفترة بين سنتي ٢٠٢٥ و ٢٠٤٠، فقد تبين أن التحكم فيها يتطلب مجهودات أكبر. فالتقديرات الحالية، بداية القرن الواحد والعشرون، تنتظر أن يتحقق الإنتاج التجاري للكهرباء باستعمال هذه التقنية بين سنتي ٢٠٥٠ و٢٠٦٠. أي أنه بعد مرور حوالي عشرين سنة من الانتظار، لم تنقص فترة الانتظار ولا حتى سنة واحدة، هذا إن لم تزد.

هكذا نرى أن هذه التوجهات والاقتراحات لا تقدم البديل الكمي، وإن قدمته، ولو جزئيا، فإنها لا تقدم البديل النوعي للطاقة الشمسية.

التأثير البيئي

أما الخصائص غير الطاقية للمصادر الأحفورية والنووية، فهي في تناقض كبير مع أسس التطور الطبيعي.

- إن الحياة تطورت على سطح الأرض في إطار تبادل طاقي عام غير مصحوب بتغيُر في التكوين العنصري للمجال الحي. فالسيل الطاقي الذي يدخل المجال الحي، يدخله بدون حامل ويغادره بدون حامل أيضا. وهكذا لا يتسبب في أي تغيير للتكوين العنصري العام للمجال الحي، وإن كانت النتيجة الأساسية لمرور الطاقة بهذا المجال هي عبارة عن تفاعلات كيماوية وتحولات فيزيائية، إلا أنها تظل في مجموعها أساسا دائرية.

- أما التنمية الحالية التي يقوم بها الإنسان والتي تتموقع هي الأخرى بالمجال الحيوي، أي نفس المجال الذي يحتوي التطور الطبيعي للحياة، فهي تعتمد مصادر للطاقة مخزونة بكتل تتواجد أساسا بالمجال الجيولوجي. أخرجها الإنسان من مجالها الأصلي وأدخلها إلى المجال الحيوي. وعند استهلاكه للطاقة المشحونة بهذه الكتل، حوَّل الحامل من الوضع المحايد بالنسبة للمجال الحيوي إلى وضع فعال. لكنه لم يعط أي اهتمام لهذا التحول ولتراكم الحامل الفارغ ومكوناته، التي تظل في حالة فعالة، والتغيرات العنصرية والكيماوية والفيزيائية التي تنتج عن ذلك بالمجال الحيوي والتأثيرات السلبية التي يمكن أن يتسبب فيها تراكم هذه المكونات على مسار وتطور ومستقبل الحياة.

- استهلاك المخزون الطَّاقي الاحفوري يتسبب في انبعاث عدد من المركبات وامتصاص أخرى. واعتبارا لكون العناصر التي تدخل في تكوين هذا المخزون هي أساسا الكربون والهيدروجين (لهذا تحمل هذه

المصادر اسما آخر هو المصادر الكربهيدروجينية)، وأن لاستهلاك هذا المخزون طاقيا يجب أن يتفاعل مع الأكسجين، فإن أهم الانبعاثات والامتصاصات هي انبعاث ثاني أكسيد الكربون والماء (أو بخاره) وامتصاص الأكسجين. والنتيجة هي تراكم الأول والثاني وتراجع الثالث بجزء من المجال الحيوي، بالغلاف الجوي وبالمحيطات.

إن كان تراجع الأكسجين بالغلاف الجوي يفوق قليلا من ناحية الكم الزيادة في تواجد ثاني أكسيد الكربون بالمجال الحيوي، إلا أن هذا التراجع يظل، اعتبارا لضخامة الكمية الأصلية من الأكسجين بهذا المجال، غير مستحق للذكر. فهذا التراجع لا يمثل إلا ٠،٠٠٠٦ % من تواجد الأكسجين بالمجال الحيوي. هكذا لا نجد أحدا يعير هذا التراجع أي اهتمام. ولهذا نقتصر نحن أيضا بالنسبة لهذا الغاز على هذه الإشارة.

نفس الشيء يصح بالنسبة للماء. فحجم الماء الذي تم تكوينه نتيجة احتراق المصادر الطاقية الاحفورية منذ بداية استعمالها (١٥٠ إلى ٢٥٠ مليار متر مكعب) يقع ما بين الحجم المتوسط لتهاطلات سنة وسنتين مطريتين بالمغرب، أي قطرة في بحر.

أما تراكم ثاني أكسيد الكربون ($CO_٢$) الذي، هو الآخر، لم يعره أحد أي انتباه عند الانطلاق في استهلاك المدخرات الأحفورية من الطاقة، فقد أصبح اليوم أحد المشاكل الكبرى التي تجند الإنسانية طاقات فكرية مهمة من أجل دراسته ودراسة تأثيراته الحالية والمنتظرة على المجال الحيوي عموما والنشاط البشري خصوصا، وتضع بين أيدي الطاقات الفكرية العاملة بهذا الميدان إمكانات مادية مهمة من أجل إيجاد سريع لحلول فعالة.

إن ثاني أكسيد الكربون، أحد الشوائب المتواجدة بالغلاف الجوي، هو من أهم الغازات المتسببة في ظاهرة الانحباس الحراري، عكس المكونات الأساسية لهذا الغلاف: النتروجين (الأزوت) والأكسجين، التي ليس لها أي دور يستحق

الذكر في هذه الظاهرة. هذا يعني أن مستوى الظاهرة تابع بنسبة مهمة لتغيرات درجة تركز غاز ثاني أكسيد الكاربون بالغلاف الجوي (في حالة ثبات تركز الغازات الأخرى التي لها نفس الخاصية). وقد ارتفع تركيز هذا الغاز بالغلاف الجوي بأكثر من ٢٥% منذ بداية الاستغلال المكثف للفحم الحجري منتصف القرن التاسع عشر.

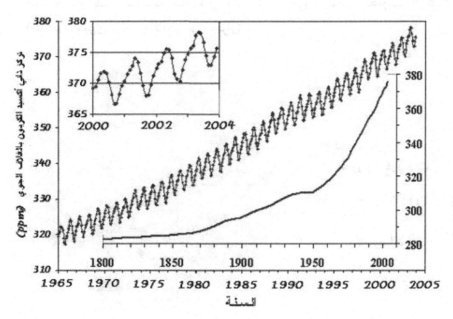

الشكل (١٢): التطور الحديث لتركز غاز ثاني أكسيد الكاربون بالغلاف الجوي

إلا أن حوالي ٣٣ % من هذه الزيادة تطلب تحقيقه أكثر من قرن، من بداية الاستهلاك المكثف للفحم حتى سنة ١٩٦٠. أما الثلثين الآخرين فقد تحققا بعد سنة ١٩٦٠،أي خلال ثلث قرن تقريبا. وهذا يعني تسارعا خطيرا، فمتوسط سرعة التراكم خلال الفترة الأخيرة تعادل تقريبا ٦ أضعاف متوسط سرعة التراكم خلال الفترة الأولى.

إن غاز ثاني أكسيد الكربون جزء من دورة الحياة، لا استمرار لها بدونه. ونعتقد أنه لهذا السبب لم يعر أحد اهتماما لتراكمه بالغلاف الجوي، باعتبار أن هذا

التراكم يجب أن يكون مفيدا، لأنه سيساهم في الإسراع بعملية التمثيل الضوئي، أي تحسين الإنتاج النباتي وبالتالي الحيواني أيضا، أي بالنسبة للإنسان تحقيق وفر غذائي أفضل.

تأثيرا آخر تبين مع مرور الزمن أن له أهمية قصوى بالنسبة لتطور الحياة. هذا التأثير هو مساهمة غاز ثاني أكسيد الكربون، كأحد الغازات الدفيئة في تحديد مستوى ظاهرة الانحباس الحراري.

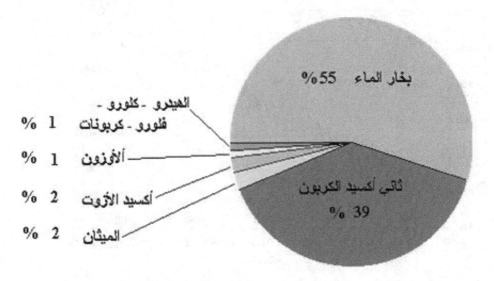

شكل (١٣): مساهمة الغازات الدفيئة في ظاهرة الانحباس الحراري

إن الحياة النباتية والحيوانية تطورت خلال المليون سنة الأخيرة، في ظل نوع من الاستقرار في متوسط درجة حرارة سطح الأرض (سرعة التغير خلال هذه الحقبة كانت تسمح دائما (تقريبا دائما) بتحقيق تلاءم الأجسام الحية مع هذا التغيير. وكلما زادت هذه السرعة بشكل مفاجئ عن حد أعلى، كانت هناك كوارث وانقرضت أنواع من المخلوقات (و من النظريات من يرجع انقراض الديناصورات الذي حدث قبل أزيد من ٥٠ مليون سنة إلى تطور من هذا القبيل). وأي تغير في ظاهرة الانحباس الحراري ينتج عنه تغير مواز في متوسط درجة الحرارة هذا.

وارتفاع ظاهرة الانحباس الحراري ينتج عنه بالضرورة ارتفاع في متوسط درجة الحرارة. وحسب تقرير معهد الأرصاد الجوية للولايات المتحدة وكما يتبين من هذا الرسم فإن المتوسط المذكور قد ارتفع خلال القرن العشرين بحوالي ٠،٦ درجة مئوية ومنذ بداية الستينات بِ ٠،٣٢ درجة مؤوية. وأغلب السيناريوهات تعطي ارتفاعا آخر، أكبر (درجة واحدة أو أكثر حتى منتصف القرن الواحد والعشرين) نتيجة لتسارع ارتفاع تركيز غاز ثاني أكسيد الكربون بالغلاف الجوي.

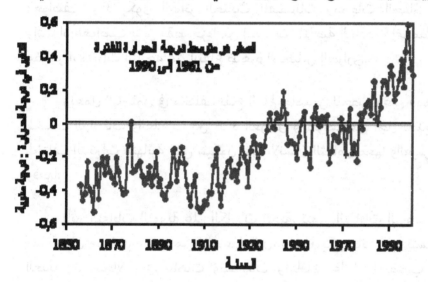

شكل (١٤): التطور الحديث لمتوسط درجة حرارة سطح الأرض

قد يعتبر البعض أن هذا الارتفاع في المتوسط السنوي لدرجة حرارة سطح الأرض ضعيف جدا، فتغير درجة الحرارة بين الليل والنهار وبين الفصول هو أكبر من ذلك بكثير. لكن المختصين في عدد من الميادين (علوم الحياة، المناخ) يؤكدون أن هذا التغير كاف لجعل جزء مهم من الجليد المتراكم بالمناطق القطبية ينصهر وجعل مياه البحار ترتفع بسبب التمدد الحراري بالإضافة إلى حجم الجليد المنصهر، بشكل سيهدد العديد من المناطق الساحلية بالعالم، التي هي في أغلبها آهلة بالسكان، مثلا بالبنكلاديش ودلتا النيل وفلوريدا.

ويؤكد العلماء أيضا أن الحدود بين المناطق الصحراوية وغير الصحراوية ستنتقل على حساب الأخيرة، بمسافة قد تصل إلى ٤٥٠ كلم لكل ارتفاع من درجة واحدة. وهذه التأثيرات تطال أيضا التوزيع الزمني والجهوي وكذلك كثافة التهاطلات المطرية وبالتالي حجم المياه القابلة للتعبئة ولا تهمل شدة وتعداد العواصف. وقد يكون التواتر الحديث للفيضانات وموجات الجفاف والحر واشتداد العواصف ليس فقط جزءا من التقلبات المناخية العادية وإنما مظهرا من مظاهر التطورات الناتجة عن ارتفاع ظاهرة الانحباس الحراري.

ويعمل الباحثون في مختلف بقاع العالم جاهدين للحصول على فهم أعمق لمختلف الترابطات والعلاقات بين هذه العوامل والظواهر من أجل تحديد أدق لمختلف التأثيرات النهائية التي سيكون على الإنسان التعامل معها والعيش تحت وقعها.

تأثير النفايات النووية على الكائنات الحية: تتميز النفايات النووية بكونها مشعة وأن جزءا غير يسير من إشعاعها قاتل، وإن لم يكن قاتلا فهو يتسبب، في العديد من الحالات، في عاهات وتشوهات وإعاقات غالبا ما تصعب، إن لم تستحيل معالجتها. تنتج هذه التشوهات والإعاقات عن تأثير الإشعاع النووي على مكونات الخلايا الحية. فالإشعاع النووي يمكن أن يكسر الروابط الكيماوية أو يهيج الجزيئات مما يتسبب في تفاعلات لا علاقة لها بالتفاعلات الطبيعية التي تجري في الأحوال العادية بالخلية.

فمن بين الحشرات، منتقضي نحبها عندما تمتص أجسامها طاقة نووية أو تتوصل بمواد مشعة تنتج طاقة تصل فقط ٢٠ وحدة غْرَايْ (جول لكل كيلو غرام من الجسم المعرض للإشعاع النووي Gray = J/kg). كما نجد حشرات لا تقضي نحبها إلا عندما تصل الجرعة إلى حوالي ٣٠٠٠ غْرَايْ أي ١٥٠ ضعفا للجرعة السابقة الذكر. وكما يتضح من معطيات الرسم، فإن تأثر الثدييات يبدأ عند جرعة

لا تزيد عن ٢ غْراي، أما الفيروسات فتتحمل جرعة تصل ١٠٠ ضعفا للجرعة المؤثرة على الثدييات.

حجم ومدة فعالية النفايات النووية: من المؤكد أن كمية النفايات المشعة المترتبة عن الانشطار النووي للمصدر الطاقي بمحطات إنتاج الكهرباء محدودة بالمقارنة مع كمية النفايات المنبعثة من المحطات الحرارية التي تعمل بالمصادر الطاقية الأحفورية. فالنفايات النووية تصل فقط حوالي ٣ ميليغرام لكل كيلو واط ساعة (٣ mg/kWh) مقابل حوالي ٧٠٠ غرام ثاني أكسيد الكربون لكل كيلو واط ساعة كمتوسط لمجموع المحطات الحرارية التي تعمل بالفحم أو الفيول أو الغاز. لكن كما رأينا سابقا فإن كمية صغيرة جدا من الإشعاع النووي وحتى إن لم تكن قاتلة فإنها تتسبب في عاهات وتشوهات لا علاج لها. ولا تقتصر خصائص هذه النفايات على الفعالية الكبيرة جدا للإشعاع، بل تشمل أيضا استمرارية هذه الفعالية، ليس فقط لقرون بل لآلاف السنين. ولا يخمد هذا الإشعاع أو يصل إلى مستوى يعادل الإشعاع الطبيعي بالنسبة لعدد من منابعه إلا بعد آلاف السنين. يقدم الرسم ٢٣ تطور النشاط النووي للنفايات الناتجة عن استعمال طن من الوقود النووي وقد استعملت كوحدة للأراتيب مليار بِيكرِيل (Giga Becquerel)، والبيكريل هو وحدة النشاط النووي، ويمثل تفاعلا نوويا بالثانية، بقطع النظر عن طبيعة التفاعل، هل هو انقسام للنواة إلى أجزاء أو انبعاث للأشعة فقط.

يتبين من الرسم ٢٣ أن إشعاع النفايات يصل في الفترة الأولى عند إخراجها من المفاعل إلى أكثر من مليون ضعف إشعاع المادة الخام. من المؤكد أن شدة الإشعاع تتراجع مع الزمن لكنها حتى بعد قرن من الزمن تظل تمثل أزيد من عشرة آلاف إشعاع المادة الخام.

وحدات معالجة النفايات النووية: يكثر الحديث عن وحدات معالجة النفايات النووية وتتقوى لدى العديد من غير المتخصصين في الميدان، القناعة بأن هذه الوحدات تمكن من التخلص نهائيا من النفايات النووية، وهذا ناتج عن الاقتصار

عند مقارنتها بوحدات معالجة النفايات المنزلية والصناعية على التسمية واعتبار أن نفس التسمية تؤدي إلى نفس النتائج. فوحدات معالجة النفايات المنزلية والصناعية تمكن في النهاية من التخلص من النفايات وفي كثير من الأحيان مع تحقيق فائدة اقتصادية بالإضافة إلى الفائدة البيئية. أما وحدات معالجة النفايات النووية، فرغم نفس التسمية إلا أنها تقوم فقط بفرز مكونات هذه النفايات وفصلها عن بعضها وتقسيمها إلى مجموعات حسب خطورتها. وفي خطوات تالية يقع تعليب النفايات المتوسطة الخطورة والخطيرة في قوالب من الإسمنت أو الصلب. أما النفايات العالية الخطورة فيقع صهرها مختلطة مع مواد زجاجية للحد أكثر ما يمكن من إمكانية تفاعلها الكيماوي مع المحيط البيئي والانتشار به. توضع هذه النفايات بعد ذلك في مستودعات انتقالية في انتظار تحديد مواقع تتميز بقدر كبير من الاستقرار الجيولوجي لاستعمالها كمخازن نهائية. ولقد تبين أن الحاويات المصنوعة من الصلب المملوءة بهذه النفايات والتي وقع إغراقها بالمحيط، لم تقاوم التأثير الكيماوي لمياه المحيط والفيزيائي لتياراته وبدأت تتحلل وتسمح بنفاذ المواد المشعة إلى مياه المحيط.

انتشار النفايات النووية بالمحيط الطبيعي، كما هو الحال بالنسبة لثاني أكسيد الكربون، تنتج عنه أخطار، قد لا تمثل أمامها مآسي التفجيرات النووية بهيروشيما وناجازاكي وكارثة تشرنوبيل وغيرها إلا صورا مصغرة وباهتة. فما يمكن أن يتسبب فيه انتشار المتراكم من هذه النفايات من أهوال على المستوى العالمي، قد يكون القضاء التام على كل مظاهر الحياة.

رؤية عامة

إذا نظرنا إلى مسار تطور المجتمع الإنساني في علاقته بالطاقة غير الغذائية عبر العصور، فإننا نجد أن هذا المسار يمكن تقسيمه إلى ثلاثة مراحل وتشبيهه بمسرحية من فصلين والاستراحة التي تفصل بينهما:

الفصل الأول: اقترنت بداية هذا الفصل ببداية تعامل الإنسان مع النار. وقد تحقق ذلك منذ حوالي نصف مليون سنة. واستمرت أحداث هذا الفصل حتى بداية التعامل المكثف مع المصادر الاحفورية حوالي منتصف القرن التاسع عشر. لقد تطورت علاقة الإنسان مع الطاقة غير الغذائية بشكل كبير خلال هذا الفصل. فمن خائف متجنب غير قادر حتى على إيقاد النار في بدايته، أصبح الإنسان عند نهاية هذا الفصل قادرا ليس فقط على إيقاد النار وإنما على الاستفادة من الحرارة الناتجة في تحقيق العديد من مآربه. وارتفع حجم استهلاكه من الكتلة العضوية القابلة للاحتراق، كما تعرف الإنسان وانطلق في استعمال أشكال طاقية أخرى كطاقة الرياح وطاقة مساقط المياه.

اتسع بذلك صحن المصادر الطاقية المستعملة وشمل إلى جانب الكتلة العضوية الطاقتين الريحية والمائية، لكنه ضل صحنا طاقيا متجدد المحتوى، لا يتضمن إلا الطاقة الشمسية ومشتقاتها السريعة التكون، لهذا نسمي مجموع التطور الذي حققته الإنسانية خلال هذا الفصل من المسرحية الذي استمر مئات الآلاف من السنين بالحضارة الشمسية مع اقتراب نهاية هذا الفصل تمكن الإنسان من تحويل الطاقة الحرارية إلى طاقة ميكانيكية، وكانت بمثابة شرارة انطلاق الثورة الصناعية.

الاستراحة: بعد الفصل الأول من المسرحية تأتي الاستراحة وبها نتواجد حاليا. خلال الفترة الأولى من هذه الاستراحة، والتي ابتدأت مع انطلاقة الاستهلاك المكثف للفحم الحجري، كأول ممثل للمصادر الأحفورية، حوالي منتصف القرن التاسع عشر، ارتفع استهلاك هذا المصدر الطاقي الأحفوري بشكل سريع. ثم تعزز دور المصادر الأحفورية مع انطلاقة الاستعمال المكثف للبترول بداية القرن العشرين. وتركز هذا الدور بعد ذلك عندما التحق الغاز هو الآخر برفيقيه الفحم والبترول بمجال الاستهلاك المكثف بعد الحرب العالمية الأولى.

خلال هذه الاستراحة اكتشف الإنسان إمكانية تحويل الطاقة النووية إلى حرارية وطور تقنيات إنتاج الكهرباء بالاعتماد على هذا المصدر الطاقي. وقد انطلق الاستهلاك المكثف لهذا المصدر الطاقي بداية السبعينيات من القرن العشرين.

خلال هذه الاستراحة طور الإنسان تقنيات تحويل أشكال طاقية مختلفة بشكل مباشر وغير مباشر إلى طاقة كهربائية. هكذا أصبح هذا الحامل الطاقي، الذي لم يكن له تقريبا أي دور بداية القرن العشرين، يمثل نهاية نفس القرن أهم حامل طاقي على المستوى العالمي. هذا الحامل الطاقي المتميز مكن من تعبئة العدد من المصادر لم تكن من الممكن أو تصعب جدا تعبئتها لأسباب مختلفة: كالموقع وقابلية النقل وخصائص تفاعلات التحويل.

خلال العقود الأخيرة تعمق فهم الإنسان لخصائص المصادر الطاقية المستهلكة وتقوى تمكنه من تقنيات تحويلها وتوسع في نفس الوقت الوعي بعدد من السلبيات، إما الناتجة عن التكوين العنصري ونوع التفاعل الذي يخضع له المصدر أو عن خصائص التقنيات المستعملة. وتبلور هذا الفهم وهذا الوعي في تحرك لا زال لم يشمل كل العالم، لكنه قوي ومتسارع، يهدف إلى تغيير المسار الطاقي الحالي. ظهرت بوادره في الثمانينيات من القرن الماضي عندما تمكنت العديد من الدول الصناعية من تخفيض انبعاثات عدد من الغازات السامة والمتسببة في الأمطار الحمضية وفي اتساع ثقب الأوزون .

كذلك ظهرت، خلال الثمانينيات من القرن العشرين، البوادر الأولى للتحرك من أجل التخفيض من انبعاث المؤثر الأساسي في ارتفاع ظاهرة الانحباس الحراري، غاز ثاني أكسيد الكربون. إن كان هذا التحرك لم يؤدي بعد إلى تراجع في انبعاث هذا الغاز على المستوى العالمي، فإن نتائج إيجابية قد تحققت بعدد من الدول:

- أولا في مجال توسيع وتكثيف المساحات الغابوية وهو ما يعبر عنه بالتغير في واقع الغطاء النباتي، ويعني أن امتصاص ثاني أكسيد الكربون بالغابات أصبح أكبر من انبعاثه الناتج عن الاستعمال الطاقي للمنتجات الغابوية ، وإن كان هذا التوجه في بدايته لا يهدف أساسا إلى التخفيض من تركز ثاني أكسيد الكربون وإنما إلى الحفاظ على الغابة، لما لذلك من إيجابيات عدة..

- وثانيا في مجال استعمال الطاقات المتجددة بمختلف أشكالها حيث يمكن أن ينعدم عند استعمالها انبعاث غاز ثاني أكسيد الكربون. نقدم بالرسمين ٢٩ و ٣٠ والصور بالرسوم من ٣١ إلى ٣٣ أمثلة للتطور الحديث لاستعمال عضوين أساسيين في أسرة الطاقات المتجددة في إنتاج الكهرباء: الطاقة الريحية والطاقة الشمسية.

فالقدرة الريحية المنشأة سنويا قد تضاعفت منذ بدية التسعينيات من القرن الماضي حوالي ٣٢ مرة وهو ما يمثل زيادة سنوية متوسطة من حوالي ٣١ %. وتضاعفت القدرة الكهروضوئية المنشأة سنويا خلال نفس الفترة حوالي ١٦ مرة وهو ما يمثل زيادة سنوية متوسطة من حوالي ٢٥ %. هذه الزيادات السنوية لم تحققها لا المصادر الأحفورية ولا الطاقة النووية، بل أكثر من هذا فكما يظهر بالرسم ٢٩ فإن القدرة الريحية المنشأة سنويا أصبحت في السنوات الأخيرة تفوق مثيلتها النووية. في نفس الوقت تراجعت كلفة إنشاء القدرة المتجددة (يقدم الرسم ٣٠ تطور كلفة إنشاء قدرة كهروضوئية كمثال متميز لتطور كلفة تعبئة المصادر الطاقية المتجددة) وبالتالي كلفة إنتاج الكيلو واط ساعة باستعمال الطاقات المتجددة.

نظرا لضعف المنطلق بالنسبة للإنتاج الحديث للكهرباء باستعمال الطاقة الريحية والشمسية والجيوحرارية وغيرها من مصادر الطاقات المتجددة، فإن الزيادة في نسبة مساهمة مجمل الطاقات المتجددة (بما في ذلك الطاقة المائية وطاقة الكتلة الأحيائية) لا زالت لم تتغير كثيرا ولا زالت غير واضحة، لكننا نعتقد أن

الإنسانية قد دخلت في المنعطف الطاقي وأنه خلال بضع سنوات يمكن أن يصبح المنعطف واضحا للعيان.

إننا مقتنعون بأن:

- التطور المنتظر لظاهرة الانحباس الحراري،
- والتأثيرات البيئية السلبية الأخرى الناتجة عن الاستعمالات الطاقية للمصادر الأحفورية والنووية،
- ورفض المجتمعات المدنية للطاقة النووية،
- واستعداد أعداد مهمة من أفراد شعوب الدول الصناعية لدفع ثمن أعلى من أجل الحصول على طاقة نظيفة،
- وتراجع كلفة تعبئة المصادر الطاقية المتجددة سيوسع من القاعدة الشعبية المستعدة لدفع ثمن أعلى من أجل الحصول على طاقة نظيفة، وهو ما سيرفع من حجم الطلب ويساهم بالتالي في خفض الكلفة أكثر،
- ودخول اتفاقية كيوتو حيز التطبيق أبتداءا من منتصف شهر فبراير ٢٠٠٥.

ستساهم في تسريع وتيرة تغيير المنظومة الطاقة والانتقال إلى عصر شمسي جديد.

إننا مقتنعون بضرورة الإسراع في التحول ودخول الفصل الثاني من المسرحية، لأن الاستراحة، إذا طالت أكثر من اللازم، فإنها ستجعل العديد من المشاهدين يضجرون ويغادرون المسرح. نتيجة لتصرف الإنسان خلال الجزء الأول من هذه الاستراحة فقد اضطر عدد من المخلوقات إلى مغادرة مسرح الحياة. وإن لم يسرع الإنسان بالعودة إلى منظومة طاقية تحترم التوازنات الطبيعية بشكل أفضل، فإن عددا آخرا، وفي الغالب أكبر من السابق، من المخلوقات سينقرض، وقد يصبح حجم الانقراض مخلا بتوازن هرم الحياة أي خطرا على الإنسان نفسه.

الفصل الثاني: لقد انطلق التحضير للفصل الثاني، لكن بدون دور فاعل وفعال للدول النامية. لقد كانت الحضارة الشمسية الأولى مقتصرة على عدد من مناطق الحزام الشمسي للأرض ولم يستفد منها لا كل أفراد شعوب هذه المناطق ولا أغلبهم ولا حتى نسبة يمكن أن يقال عنها أنها مهمة. فبقطع النظر عن الحكام والكهنة وعدد من الأغنياء، مَثَّلَ الكادحون والعبيد الأغلبية التي كان عليها أن تشقى من أجل رغد المحضوضين. إن الحضارة الشمسية الثانية لن تكون غير ذلك بالتمني. إن قطار الحضارة الشمسية الثانية قد انطلق، لكن سرعته لا زالت ضعيفة ولا زالت أبواب عرباته مفتوحة ولازال بالإمكان ركوبه. لكن لا يمكن أن نلحق به إن كنا نسير في الاتجاه المعاكس.

الرصيد العالمي من الطاقات المتجددة القابلة للتعبئة وحجم الطلب المتزايد: قد يوضع السؤال: من المؤكد أن كلفة إنتاج الكهرباء باستعمال التقنيات الحديثة لتحويل مصادر الطاقات المتجددة ستنخفض وستصبح عاجلا أو آجلا قادرة على منافسة كلفة إنتاج الكهرباء الذي يعتمد المصادر الأحفورية والنووية، لكن هل يمكن تغطية الطلب العالمي المتزايد بالاعتماد على مصادر الطاقة المتجددة ؟

كما قدمنا في البداية فإن حاجيات الإنسان من حوامل الطاقة يمكن تقسيمها إلى قسمين:

- حوامل قابلة للهضم وهي المواد الغذائية،

- وحوامل غير قابلة للهضم وهي التي يعنيها السؤال.

إن إنتاج المواد الغذائية هي عملية تحويل للطاقة الشمسية إلى طاقة كيماوية بحوامل عضوية قابلة للهضم. وعملية التركيب الضوئي، أساس هذا التحويل، مردودها الطاقي النهائي المتوسط (النباتات واللحوم) لا يصل إلى ٠,٥ %. ومع ذلك فالإنتاج العالمي كاف لتغذية كل البشر، وإن كانت هناك مجاعات فذلك ناتج

عن عدم تطابق الطلب والقدرة الشرائية، وعدم استعداد أصحاب الفائض للتنازل عنه لصالح المعوزين. إن التقنيات الحرارية والكهروضوئية المتوفرة حاليا تسمح بتحول الطاقة الشمسية إلى كهرباء بمردود يفوق ٢٠ مرة المردود النهائي المتوسط للتركيب الضوئي، وباعتبار أن المساحات الصالحة بامتياز لإنتاج الطاقة الكهربائية باستعمال الطاقة الشمسية شاسعة وغير مستغلة (الصحاري) فإننا مقتنعون أن إشكالية حجم الإنتاج غير موضوعة.

المصادر والمراجع

١- د. علي أحمد عتيقة، "**الطاقة والتنمية في الوطن العربي – الوضع الحالي والآفاق المستقبلية**"، مجلة النفط والتعاون العربي، العدد الرابع، (الكويت: منظمة الأقطار العربية المصدرة للبترول، يوليو ١٩٨٣م)، ص ٢٤.

٢- د. حسين القاضي وآخرون، **محاسبة البترول**، (عمان: الدار العلمية الدولية للنشر والتوزيع ودار الثقافة للنشر والتوزيع، ٢٠٠١م)، ص ١٧ – ٢٠.

٣- د. محمد يسري غسان، **الطاقة في مجتمع البترول البحت**، دار امالي ، السودان ٢٠٠٨.

٤- أ. خالد عجان، **الإعتماد على الشمس (آفاق وتحديات)**، دار السراب، الكويت، ط٣ ٢٠٠٢.

٥- علام السيد علام، **مواضيع منتقاة في طاقة الأرض**، مجلة جامعة عين شمس ٢٠٠٥.

٦- سميحة راتب الصابر، **الهيدروجين والمستقبل**، دار الفنان العربي، بيروت ١٩٨٩.

٧- د. رافع سليمان العوضي، **النفط في السعودية**، دار الأنجيل، العراق, ١٩٧٥

٨- د. رهف معتز عبدالسلام، **مصر والطاقة المتجددة**، العروبة ناشرون وموزعون ، القاهرة ٢٠٠٠.

٩- أ. عدنان خلان، **طاقة الرياح في الدنمارك (أنموذج الطاقة البديلة)**، دار السراب، الكويت ١٩٩٥.

١٠- مقالات في الجمعية العربية-الفرنسية للطاقة، الأعداد ٢٥-٢٨ ، ١٩٨٠,

١١- نضال خزقي، الغــاز الطبيعـي في بــلاد الرافدين، دار خـير جلـيس ، دمشـق ٢٠٠٠,

١٢- عميرة عبدالنبي، الطاقـة النوويـة في أفريقيـا الحديثـة، دار السـلام، بغداد ٢٠٠٩.

١٣- د. عزمي الخنشرية، الطاقة النووية وتحدياتها في العالم. دار العرب، بـيروت، ٢٠٠٧.

١٤- موقع Wikipedia (الموسوعة العالمية).

١٥- مواقع متنوعة على الشبكة.

Printed in the United States
By Bookmasters

Printed in the United States
By Bookmasters